「文理佐藤学園」という物語

ホスピタリティ教育をもとめて

佐藤英樹
Sato Hideki

筑摩書房

「文理佐藤学園」という物語——ホスピタリティ教育をもとめて【目次】

「文理佐藤学園」という物語——ホスピタリティ教育をもとめて

生徒との時折りの会話は，今も私に深い喜びを与えてくれる.

学園のシンボルマークである熊の銅像とともに.

（撮影：T. Nagashima）

はじめに

はるか秩父の山並みを背景にする智光山《ちこうざん》公園。それに向かって伸びる入間川《いるまがわ》大橋。通い慣れたこの橋を渡りながら眼差しを北にやると、赤煉瓦《れんが》の壁と尖塔《せんとう》を持つ校舎群が、クスノキの緑の向こうにしだいに姿を現わします。

この狭山キャンパスの正門前にたたずみ、私が初めて教育事業に携わったはるか四六年前のことを思い起こすと、「まるで夢のようだ」という言葉しか浮かんできません。

当時、この地は人の背丈《せたけ》ほどの草が生い茂る一面の原野でした。夜ともなると、あたりは闇に包まれ、皓々《こうこう》と輝く青い月が辺りを照らすばかりです。

「この場所に、日本一の学校をつくりたい」。そのとき四一歳だった私は、草いきれにむせそうになりながら、気づくとこぶしを握りしめて立っていました。私の決意を見守ってくれたのは、どこまでも静かな自然ばかりだったといえるでしょう。

あれから半世紀近くの間に、この地には中学、高校、大学の校舎が一つの塊《かたまり》となって、立ち並ぶようになりました。少し離れた場所には小学校もあり、他に四つの専門学校が埼玉県の西部地域だけでなく東京都にも点在しています。

令和三年（二〇二一）度のデータでは、総学生数三一九八人、卒業生約四万五〇〇〇人、職員数五五七名（兼務も含む）、学園の総面積は七ヘクタール以上になります。これが、私がつくり上げた文理佐藤学園の全容です。

これだけの学園ができあがることを誰が想像できたでしょうか。けれども夢は、あきらめなければ必ずかないます。強い思いを持ち続け、それを手ばなさなかった者にだけ、運命の女神はほほえむのです。

私はあの青春の日々の中で、日本では知る人の少なかった「ホスピタリティ」という言葉に出会い、料理人としての自らの可能性に断を下すことができました。それ以来、多くの人にその精神を理解し共有してもらうことを願いながら、長い道のりを妻と形影相伴う如く歩いてきました。そしてようやく、来し方をふり返る時が来たことを感じています。

私がどのような道程を経て、今の場所にたどりついたのか、そして何を見て、何を感じ、どう考えてきたのかを、ここに書き記しておこうと思います。できるだけ正確に思い出したつもりですが、記憶も不確かになりつつあります。理解しにくい個所があるとすれば、なにとぞご寛恕《かんじょ》ください。

第1章 波乱に富んだ生い立ち

後年の「まないた絵」より

†富士山が見える山あいの村

山梨の生家の庭から南の方角を見ると、山々のうねりを隔てて、富士山が青々とした空に美しいシルエットを描いています。

「いいか、英樹。あの山の向こうの富士山のように、日本一の志を持った人間になるんだよ」。祖父の腕に抱かれたまま、大きな山を見つめていた記憶がうっすらとよみがえります。「日本一の志」がどういうことか、幼い私にはわかりませんでしたが、何かとても大切なことを言われているという厳《おごそ》かな気分が浮かんできます。

私は昭和一〇年（一九三五）、山梨県の岩手村《いわで》（現・山梨市東）で生まれました。兄弟は、それぞれ二歳違いの姉三人に兄一人、それに私とは五歳違いの弟を合わせた六人になります。

岩手村は、戦国武将として知られる甲斐《かい》武田氏の菩提寺《ぼだいじ》、恵林寺《えりんじ》からは南に三キロほど、現在の山梨市駅からは北東に四キロほどの位置にあります。

三方を山に囲まれ、東に笛吹川《ふえふき》が流れるのどかな山間《やまあい》の村で、私が生まれたころは稲作と養蚕が盛んでした。山の傾斜地には蚕に食べさせる桑畑や、麦畑が一面に広がっていま

山梨県の位置（上）と県内の市町村図.
（製作：アトリエ・プラン）

した。

生家は笛吹川の西側の高台にある、村いちばんの大きな家でした。村の田畑の多くが佐藤家のものだったと聞いています。

家は建坪が一〇〇坪を超える大きさで、広大な敷地に建っており、その周りには、まるで城を守るかのように堀が巡らされていました。先祖が戦国時代に、ここに屋敷を構えて以来のもので、堀はいまでは防火用水となっています。

ふだんはのどかな清流の笛吹川ですが、台風や大雨が来ると様相を一変させます。茶色になった濁流が渦をまいて押し寄せ、上流からは、人間の力ではとても動かせそうにない大きな岩が増水した流れに押されて、ゴトンゴトンと下ってきます。夜通し聞こえるその音は、ただ恐ろしいばかりでした。

それは時には橋を壊し、堤防を破り、田畑や集落に流れ込んで、甚大な被害をもたらすこともありました。そのために岩手村では、高台の斜面に石垣を積んで平地を作り、そこに家を建てて洪水と火事に備えるというのが、一般的な家の作りだったのです。

後年、私が埼玉や都内に学校を作ったとき、台風や大雨のあとに、必ず自分で校舎の安全を点検せずにいられなかったのは、小さい頃の洪水の経験が消えずに残っていたからでしょう。

家の構造はといえば、茅葺《かやぶ》き屋根の堂々たる三階建ての建物でした。

当時、養蚕業を営む家では、三階建ての作りが少なくありませんでしたが、その中でも我が家はとくに大きい造りになっていたと思います。一階が私たち人間の住まいで、二階、三階は蚕たちの住まいと養蚕の作業場です。現在もこの生家は残っていて、兄夫婦が住んでいます。

私はこの家で幼少期から、上京する一八歳までを過ごしました。山々をわたる風と太陽の光と大気。その中で鬼ごっこをしたり、チャンバラをしたりの毎日でした。汗と土ぼこりで泥人形のようになって帰るので、よく叱られたものです。

私が生まれた頃、佐藤家はまだ裕福でした。私たち六人の子どもにはそれぞれ乳母や子守りがついていて、ほかに家事をするお手伝いさんもいました。当時はまだ珍しかったオルガンや蓄音機もありましたし、自転車やラジオ、バイオリンもあったと思います。

使用人は最盛期で三〇人ほどいたでしょうか。小さい頃からたくさんの人たちに囲まれていたので、物怖《ものお》じしない子どもに育ちました。

小学校にあがると、うちの土地を借りて作物を作っている人たちのところにカゴを持って行き、地代をもらう役目をつとめたこともあります。

なぜ子どもに集金させたのかはわかりませんが、無用の摩擦を避けるためだったのかもしれません。事情はどうあれ、お金の大切さを子どもながらに体験できたことは、のちの私にとって大きな財産になっています。

†〝事業家〟だった父方の祖父

使用人が多かっただけでなく、家には私の父母や兄弟に加えて、父方の祖父母も一緒に住んでいました。父達雄は養蚕試験場に勤める県庁の役人で、祖父の秀雄は生糸《きいと》を扱う事業を営んでいました。幼少期の私にもっとも大きな影響を与えたのは、事業家でもあったこの祖父です。

明治生まれの祖父は、当時としては村では数少ない〝インテリ〟でした。東京外国語学校（明治三〇年〔一八九七〕に創立された日本初の官立の外国語学校。現・東京外国語大学）を卒業したあと、郷里に戻って事業を興《おこ》しました。

語学が堪能で野心家でもあった祖父は、山梨県出身の多くの事業家と同じように、大きな夢を抱いていたようです。

もともと山梨県の甲府周辺は江戸幕府の天領（江戸幕府の直轄領）であり、東京に隣接する地の利もあって、昔から事業家を多く輩出する土地柄でした。甲州財閥と呼ばれる、財

「甲州財閥」群像

若尾逸平（南アルプス市 1821-1913）
行商生活から、一代で東京の電力や市電を支配するほどの財をなした。初代甲府市長や、山梨県最初の貴族院多額納税者議員に就いた。

雨宮敬次郎（甲州市 1846-1911）
日本最初期の製粉・製鉄業や、軽井沢の植林事業、鉄道経営などに関与する。「天下の雨敬」「投機界の魔王」などの異名をとった。

小野金六（韮崎市 1852-1923）
新潟での石油採掘、富士製紙、東京割引銀行などさまざまな事業を経営する。富士身延鉄道を建設し、富士山麓開発に先鞭をつけた。

根津嘉一郎（山梨市 1860-1940）
東武鉄道など全国の私鉄経営に手腕を発揮して、「鉄道王」と呼ばれた。図書館の建設や県内全小学校へのピアノの寄贈など教育にも足跡を残した。

堀内良平（笛吹市 1870-1944）
富士山麓の観光開発を構想し、富士山麓電鉄（現在の富士急行）の建設を実現した。「富士五湖」の呼称を始めたとも言われている。

小林一三（韮崎市 1873-1957）
鉄道を拠点とした都市開発モデルを生み出した阪急電鉄創業者。日本初のターミナルデパートや宝塚歌劇団などの事業も立ち上げた。

河西豊太郎（南アルプス市 1874-1959）
富士身延鉄道、山梨交通といった山梨県にゆかり深い企業の要職を務めた。芸術への造詣が深く、根津美術館の理事長も務めた。

田辺七六（甲州市 1879-1952）
富士水電などの電力事業、後楽園スタヂアムや日本軽金属などの経営に加わった。政界で要職を務め、「カミソリ将軍」と呼ばれた。

早川徳次（笛吹市 1881-1942）
ロンドンで地下鉄事業を学び、東京地下鉄道を創立する。関東大震災を乗り越え、日本最初の路線である浅草・上野間を開業した「地下鉄の父」。

山梨近代人物館「甲州財閥と近代日本を築いた甲州人」より.

を一代で築いた人たちも多い地域です。

たとえば東武鉄道など数々の鉄道の敷設に貢献し、根津美術館をつくった根津嘉一郎《ねづかいちろう》（万延元年〔一八六〇〕―昭和一五年〔一九四〇〕。日本の政治家、実業家。根津財閥の創始者）もその一人です。根津家は私の生家のすぐ近くの村、正徳寺村《しょうとくじ》（現・山梨市正徳寺）の出身です。

また、初代甲府市長をつとめた若尾逸平《わかおいっぺい》（文政三年〔一八二〇〕―大正二年〔一九一三〕。日本の実業家、政治家、銀行家）も、幕末に山梨で生産した生糸を横浜まで運び、外国人に売りさばくことで財をなし、若尾財閥といわれるグループを興した人物です。

明治後期から昭和初期にかけて、生糸は日本の経済を支える花形産業だったのです。

やがて甲州街道ぞいに鉄道が敷かれるようになると、山梨や長野で生産された繭《まゆ》や生糸が鉄道によって東京の西部地域である八王子にいったん集められ、そこで加工されたあと横浜の港から海外に輸出されるようになりました。

山梨と東京・横浜を結ぶルートは、さながらシルクロードのようなにぎわいをみせていたといっていいでしょう。若きころの祖父もまた、ジャパニーズ・ドリームを夢見て、精力的に事業を広げていたに違いありません。

最初は山梨から甲州街道を通って、馬車で生糸を東京に運んでいました。ところが明治二二年（一八八九）、八王子と新宿間が鉄道でつながり、さらに明治三六年（一九〇三）、甲府まで延伸されると、汽車で運ばれるようになりました。

八王子は山梨からだけでなく、生糸の一大生産地である長野や群馬からも生糸が集まる一大拠点となっていたので、祖父はこの八王子に自分の拠点をつくることを思いつき、製糸工場「佐藤製糸場」をつくりました。

八王子に拠点を構えた祖父の思惑は大当たりでした。「佐藤製糸場」の従業員は三〇〇人に増え、佐藤家に大きな富をもたらすことになります。

なお、生糸を輸出する時に製品の生糸の束に付ける「佐藤製糸場」のロゴマークは、祖父が自らデザインしたものです。外国人の野球選手がバットをかまえる、いま見てもおしゃれなマークです。

「佐藤製糸場」のロゴマーク.

いまでこそ、野球は誰もが知っているメジャーなスポーツですが、祖父が事業を始めた明治後期に、日本で野球を知っている人はどれくらいいたでしょうか。同時期のほかの企業のロゴマークと比べても、祖父のマークは際立ってモダンで、斬新なものだったことがわかります。

祖父は田舎の農家生まれであるにもかかわらず、文化や芸術に造詣《ぞうけい》が深く、英語の書物も愛読するほどの教養あふれる人物でした。それもあって、他社が日本風を強調するのに対して、わざわざアメリカのスポーツをロゴマークにもってきたのでしょう。いかにも祖父らしいハイカラなセンスを感じます。

生糸の事業は順調でしたが、それでもなお、同郷の根津家と比べると、規模は一〇分の一ほどしかなかったようです。もっと上をめざすのだと、祖父は自らを叱咤《しった》激励《げきれい》していたのでしょう。

しかし昭和五年（一九三〇）、日本経済は危機的な状況に陥ります。アメリカに端を発した「世界恐慌」の波が、とうとう日本にも押し寄せたのです。

加えて、フランスで開発された人絹（人造絹糸の略。レーヨンともいう）が明治末頃に日本へ輸入され、工場生産されるようになりました。それにより、国の主要産業だった製糸業は壊滅的な影響を受け、工場は次々に閉鎖されていったのです。

祖父も八王子の工場を閉鎖せざるを得ず、事業は縮小の一途をたどります。

†ひざに座って聞いた祖父の教え

それでもなお、私が生まれた昭和一〇年頃は、まだ佐藤家にも余力がありました。幼い私を抱いて、「富士山のようになれ」と言い聞かせていた祖父の言葉は、衰退する事業を何とか立て直そうとしている自分自身に向けたものでもあったのでしょう。

私が少し大きくなってから、祖父は私にこんなことを言ったことがあります。

「富士山は日本でいちばん高い山だ。頂上まで行くのは容易なことではない。とくに八合目、九合目は一番つらい。頂上が見えているのに、なかなかたどりつけないからだ。だがそこを踏ん張った人間だけが、頂上に到達できる。そうやって登り切った時の達成感は、なにものにも代えがたいはずだ。登った者だけが見られる景色があるんだ」。

果たして祖父は、その景色を見たのでしょうか。

すでに九〇年近くになろうとする私のこれまでの人生をふり返ってみて、つらくてめげそうになったことは数えきれないほどあります。そのたびに、祖父のこの言葉を思い出すのです。たしかに、八合目、九合目までも十分つらいでしょう。しかし見方を変えると、いちばんつらいのは、実は頂上まではんのわずかなところまで来ているときだ、と言ってもいいのではないでしょうか。

あきらめてしまったら、永遠に素晴らしい景色を見ることはできません。そんな残念なことができるでしょうか。大きな壁に突き当たり、くじけそうになるたびに、私はいつも祖父の富士山にまつわる言葉を思い出し、自分を励ましてきました。祖父の言葉は、今や私の血となり肉となって、身体のすみずみにまで染み込んでいます。

後年、私は一念発起して富士山の絵を描き始めます。きっかけは今から三〇年あまり前、中国でまな板を五〇〇〇枚も購入することになり、その扱いに困ったことがあったからです。その時、ふと祖父の言葉を思い出したのです。

そうだ！　まな板に富士山の絵を描こう。富士山は日本一の山。ならば私は日本一、いや世界一たくさん富士山を描いた人物になろうと決意したのです。それからは、富士山の絵を一万枚描くことを目標にすえました。

ちなみに私の二番目の姉、安達原玄《あだちはらげん》（昭和四年〔一九二九〕―平成二七年〔二〇一五〕）は、身内の自慢はあまりしたくないのですが、日本でも数少ない女流の仏画絵師のひとりです。仏の姿を描く写仏は、聖徳太子の時代に始まったといわれています。仏を描くことをとおして、教えの真髄に近づくことができるという考え方にもとづいており、写経に近いものといっていいでしょう。

姉は嫁いだあと、独学で写仏を勉強し、仏画を描くようになりました。その後、それを見た画家たちの間でも仏画が見直されるようになり、現在に至っています。姉の画業を讃《たた》えて、平成七年（一九九五）に安達原玄仏画美術館が山梨県の八ヶ岳のふもとに建てられ、

『輝け！　学生たち』（佐藤英樹，アイ・ケイコーポレーション，2006 年）．

『写仏　飛天百態』（安達原玄，日貿出版社，1995 年）．

作品が展示されています。

姉の影響もあって、私も下手ながら絵を描きだしたというわけです。どうせ描くなら、富士山の絵にしよう。それをまな板に描き、絵と一緒に、私の教育哲学を著わした詩や文章を添えて贈れば、あるいは喜んでもらえるかもしれないと思いました。

こうしてまな板絵を描き始めてから二〇年になります。その結果、とうとう『墨彩詩画集　文理佐藤学園の風――まな板のうえの言の葉たち』（アイ・ケイコーポレーション、二〇〇六年）という画集まで出版することになりました。小さいころ、祖父と一緒に見た富士山への思いが、こんなところにも形を変えてあらわれていると思っています。

†日本敗戦の日に誓ったこと

ところで、なぜ私が学校をつくる教育事業に生涯をかけることになったのか、そのきっかけもまた祖父、秀雄にさかのぼります。

あれは、まだ私が小学校に入る前くらいの年齢だったでしょうか。祖父はよく私をあぐらの上に座らせて、いろいろな話をしてくれました。そこに醸《かも》し出される祖父の心の温《ぬく》もりを感じながら話を聞くひと時が、私には至福の時間でした。

祖父がくり返し私に言い聞かせたのは、「おまえは学校をつくりなさい」ということです。おそらく祖父自身にも、そのような夢があったのかもしれません。というのも、祖父は生糸の商売で東京に行くたびにさまざまな本を買い集め、それを村の人たちに開放するという、私設図書館のような試みもしていたからです。

けれども自分の事業を続けるために、教育にかかわる夢はあきらめざるをえなかったのでしょう。だからこそ、孫の私に、その夢を託したのではないでしょうか。

改めて祖父の姿を思い起こしてみると、本に向かっているその背中が浮かんできます。しかも周りには、英語の本に混じって、孔子や老子の和綴《わと》じの書物（重ねた紙の右側を糊《のり》や糸で留めた冊子）がたくさんありました。

これらの本は、残っていれば、古書としてたいへん価値のあるものになったはずです。しかし祖父が亡くなったあと、家の者がその本をほぐして、桃の実を包む紙袋として使ってしまいました。当時は敗戦直後だった上に、新しい農産物としての桃の実を順調に生育させることのほうが、大事なことだったのです。何とももったいないことです。

それはさておき、祖父はよく私にこうも言っていました。「いくら大金をもうけても、くだらないことに浪費しては意味がない。社会に役立つことに使うべきだ。未来をになう子どもたちを教育するのは素晴らしい仕事だよ」。

祖父は、勝手にライバル視していた根津嘉一郎のことを念頭に置いていたようです。「根津は個人の生活を楽しむことにたくさんのお金を使ったようだが、社会には何の役にも立たなかった。お金は何に使うかが重要だ。何か事業をやるなら、学校教育をやりなさい。学校ならおまえが死んだあとも、未来永劫続いていくだろう」。

その根津家も、すでに西武沿線に旧制武蔵高等学校を設立していたことを、祖父が知っていたかどうかはわかりません。しかし祖父のこの言葉は、私の心に深く刻み込まれました。

教育は未来をつくる仕事、社会に役立つ仕事、そしてお金は意味のある使い方をしなければならない。それが、「富士山のようになれ」という言葉と結びついて、私の中で「日本一の学校をつくろう」という思いに結実していくわけです。

私が一〇歳になった昭和二〇年（一九四五）の八月一五日が、日本がポツダム宣言を受諾して敗戦を受け入れた日でした。うだるような暑さと蟬しぐれの中、日本のどこでも見られた光景だったでしょうが、私は地べたに正座して〝玉音放送〟を聞いていました。

大人たちはみな泣いています。私には詳しいことはわかりませんでしたが、何かが大きく変わろうとしていることだけはわかりました。心臓の鼓動が大きく脈打つのを感じたことを思い出します。

母方の実家である森屋家の人々. 両端の二人が軍人になった叔父.

もしかしたら大きなチャンスの波がやってくるのかもしれない。底知れない不安とぼんやりした期待とが混じりあった異様な空気の中で、私はまだ一〇歳でしかありませんでしたが、「おじいさんの言うとおり、日本一の学校をつくってやろう」と心に誓ったのでした。

母方の祖父、森屋為八も教育熱心な人でした。近くの後屋敷村《ごやしき》（現・山梨市三ヶ所）で製糸工場とぶどう酒の造り酒屋を経営する事業家だった彼は、自分の子どもたちにはみな高い教育を受けさせていました。

その息子たち、すなわち私の母にとっては弟にあたる男子二人は、いずれも陸軍士官学校に入り、さらに陸軍大学へ進みました。うち一人は航空隊少佐、もう一人は通信隊少佐で終戦を迎えています。

そのうちの兄のほうは皇族付武官として三笠宮に付き、参謀本部で勤務しました。馬に乗って颯爽《さっそう》と宮さまに付き従う雄姿が、今も写真に残っています。亡くなった時、三笠宮からお悔やみの供花《きょうか》が実家に届いたそうです。

私の母、ゆき子も山梨高等女学校を卒業した、頭脳明晰《めいせき》な女性でした。母とは早くに死に別れてしまったので、勉強を教えてもらったことはありませんが、かなり優秀だったと親戚から聞いたことがあります。

そのほか、親類縁者をたどっても教育関係者が多く、現在にいたるまでに甲州市教育長、韮崎高校校長、麻布中学・高校校長など学校長や教育長、大学教授など多くの教育者を輩出しています。

佐藤家および母方の森屋家は、ともに教育者のＤＮＡを引き継ぐ家系だったといえるでしょう。両家の血を受け継ぐ私が教育の道に進んだのは、振り返ってみると、なかば必然だったのかもしれません。

†昭和恐慌と戦争に翻弄されて

事業家だった祖父の秀雄とは対照的に、父達雄は風流を愛する趣味人でした。技術系の役人として県の養蚕試験場に勤めていましたが、仕事に打ち込むタイプではなく、もっぱら猟銃撃ちや、日舞など日本芸能の趣味を楽しむ風雅な生活を大切にしていました。

そんな父も徴兵されて、外地に行ってしまいます。父がいなくなってからの心細い毎日を、私はぼんやり覚えています。日に日に戦況は悪化し、とうとうアメリカ軍の爆撃機B29が轟音をあげて、岩手村の上空を通過していくようになりました。

そしてついに、昭和二〇年（一九四五）七月六日から七日にかけて、山梨県都の甲府が大空襲を受けました。岩手村から甲府市街地がある南東方向を見ると、朱を注いだように空が真っ赤になっています。ときどき打ち上げ花火のような閃光が舞い上がり、その光景は一晩中続きました。

「父は無事だろうか」。私は戦争に行った父の身を案じて、毎日心配していました。そんな私を安心させようと、姉たちは私を連れて、よく村はずれのお地蔵さんにお参りに連れていってくれました。

「父が無事、戦争から帰ってきますように」。不安で一杯な気持ちを抱えながら、小さな手をこすり合わせて、一心不乱にお祈りしたことは忘れられません。

お祈りするだけでなく、ときには畑でとれた野菜やお米を半紙にくるんで、お地蔵さんにお供えしたこともあります。ひたむきに祈ったかいがあったのか、父は無事に戻ってくることができました。

しかし父の帰還の喜びもつかのま、佐藤家はあらたな試練に見舞われてしまいます。そのひとつは、敗戦後、GHQ（連合国軍最高司令官総司令部）の指令によって行われた、特定の関係者が公職に就くことを禁止する「公職追放」によるものでした。

主な目的は、軍国主義者を国と地方の公的な仕事から排除することでしたので、父が関わっていた養蚕業がそれに該当するとは思えませんでした。おそらくは政治的な意図も作用し、父は「好ましくない人物」とみなされて、追放の対象になってしまったのだと思います。

以前の養蚕試験場の職に復帰することは叶《かな》わず、かといって、公職追放された人間が別の職に就《つ》くのも難しかったため、父はそのまま家にいて、農地の管理にたずさわることになりました。

趣味に生きた父にとっては、外に出て仕事で気をつかうより、家で余計なことに煩《わずら》わされることなく過ごすほうが向いていたのでしょう。九六歳という長寿をまっとうして、穏やかに人生の幕を閉じました。戦争の時代を除けば、まずまずの人生だったのではないでしょうか。

父の出征の日の家族写真（右から２人目が著者）.

余談になりますが、父は養蚕試験場にいたときから、浮き沈みの激しい養蚕に代わる産業として、桃やぶどうなどの果樹類や西洋野菜の導入に力を注いできました。南々東に傾斜した岩手村の土地は日当りや水はけがよく、果物の栽培には適しています。佐藤家の庭にも、父は何種類ものぶどうや桃、当時はまだ珍しかったアスパラガスの苗を植えて、栽培をしていました。

今では、岩手村があった付近は、桃源郷さながらのような桃の産地となっています。戦後、山梨県が桃やぶどうなど果樹の一大産地として知られるようになったのは、ささやかながら父の貢献があったかもしれないと思えば、少し誇らしい気持ちになります。

父の公職追放と並んで、佐藤家を襲ったもうひとつの試練は、やはりGHQによる「農地改革」でした。農地をめぐる法制度の変更を意図したもので、それによって戦前の地主制度は解体されたのです。その結果、佐藤家にはわずかな農地しか残されませんでした。

それでも平坦な部分の土地は残ったので、ほかの地主より多少はましだったでしょうが、次男坊である私に、昔のような贅沢をさせる余力はもはや残っていませんでした。しかしそれもあって、私は東京に出て、自分の道を切り開く決意を強いられることになったのですから、何が幸いするかわかりません。

†脅しに屈しなかった母

私の生い立ちを語る上で、母親である森屋ゆき子の存在は避けて通れません。母は私が七歳の時、病気で亡くなってしまいました。母と一緒に過ごせたのは、わずかな歳月でしかありません。けれども母が惜しみなく与えてくれた愛情は、その後の人生を通して今日に至るまで、深い影響を及ぼしていると感じています。

教育一家である森屋家に生まれた母は、芯《しん》の強い、しっかりした女性でした。一九歳の時、佐藤家に嫁いで六人の子どもを産み、三五歳で亡くなりました。長くはない人生でしたが、その間、しっかり家と財産と子どもを守ってくれたのです。

母は口ぐせのように、私と兄や弟に、「おまえたちは江戸――わが家では東京のことをまだ「江戸」と呼んでいました――の大学に行きなさい。そのためのお金は、私がちゃんと用意していますから」とくり返していました。その言葉通り、佐藤家の家計が傾いても、子どもの教育のためのお金に手をつけることは決してありませんでした。

母の強さをあらわすこんなエピソードがあります。母が佐藤家に嫁いで何年かしてからのことです。昭和五年（一九三〇）に始まった昭和恐慌のあおりを受け、祖父の製糸工場が倒産しました。一時は三〇〇人もの従業員が働いていた大きな工場でしたから、借金の額も大きかったのでしょう。岩手村の生家にも、借金取りが押しかけてきたそうです。

ある時、見るからに強面《こわもて》の白髪の老人がやってきました。応対した母に向かって、老人は啖呵《たんか》を切ってすごみました。

「借りたものを返すのが人の道だろう。おまえのところは借金を踏み倒そうというのか」。

まとわりつく小さな子どもたちを自分の背後に押しやって守るようにしながら、母はひとりで応対していたそうです。白髪の老人は、さらに言葉を荒らげて母に詰め寄ります。

「おまえは子どもらを大学に行かせるそうじゃないか。そんな金があるなら、借金を返すほうが先なんじゃないか」。

すると母は居住まいを正し、毅然《きぜん》とした表情で老人に向き合いました。そしてきっぱりとした口調でこう言ったのです。

「子どもには、きちんとした教育を受けさせるつもりです。あなたに、わが家の子どもの教育に口を出される筋合いはありません。もちろん、お金は必ずお返しします」。

きっぱりとした母の言い方に、その老人も思わずたじろいでしまったそうです。しばらく両者の間でにらみ合いが続きましたが、やがて白髪の老人が頭を下げました。

「私が悪かった。あんたの子どもの教育に口は出さない。あんたは肝っ玉のすわった女だな。気に入った。あんたに免じて、わしの借金はチャラにしてやろう」。

なんと母のおかげで、老人から借りた借金は返さずにすんだというのです。

この話を、私は大きくなってから親戚の者に聞きました。改めて、母の強さに感服する思いです。何があっても子どもに教育は受けさせるという、母の強い意思と愛情が表われているエピソードとして、私は時折り思い出すことがあります。

†母に飲ませたしじみ汁の思い出

そんな母も肝臓の病いに倒れ、病院に入院することになりました。肝臓にはしじみが効くと聞いたので、私は母のためにしじみを取りに行きました。山奥の洞窟のような清流に住むというしじみを求めて、私は奥深く分け入りました。

七歳の子どもが、山奥の冷たい湧き水に手足をこごえさせながら、必死でしじみを集めたのです。それをしじみ汁にして母に出すと、母は「おいしい、おいしい」と言って、お代わりして飲んでくれました。

それからまもなく、母は最新の治療が受けられる東京の順天堂病院へ転院していきました。私は東京の方角を向いて、日に何度も、母の無事を必死で祈りました。しかし願いは空しく、母は六人の子どもを残してこの世を去ってしまったのです。

その後、しばらくして、父の元に後妻がやって来ました。私や兄弟にはそれぞれ母親代わりの乳母がついたのですが、乳母同士のギスギスした空気が流れていました。母が亡くなったことで、佐藤家を包んでいた温かい雰囲気や凛《りん》とした空気、昔ながらの伝統が途切れてしまったのは、とても残念に思います。

けれども悪いことばかりではありません。母が亡くなったあと、私は乳母をはじめ子守りや後妻など、いろいろな人に育てられたので、誰とでもうまくやれる調整能力のある人間に育ったと思います。

それだけでなく、私はあらゆることを自分で処理する自立心も身につけました。だれにも甘えることができなかったのですから、全部自分でやるしかありません。学校に通う草《ぞう》履《り》も自分でつくりましたし、とれた服のボタンも縫いつけることができました。炊事などの家事や身の回りの整理整頓など、すべて自分で整えられる人間になったのです。

産みの母の早逝というやむを得ない事情によって、皮肉なことに、私は「生きる力」を得たといえるのかもしれません。

第2章 ある青春彷徨

初めて創設した西武栄養料理学院の跡地には，
今も当学園の専門学校が運営されている．

†よし、料理の世界に行こう

地元の小、中学校を卒業し、山梨県立日川《ひかわ》高校に通うようになると、私の心に「料理人になろう」という夢が芽生えてきました。なぜ料理人だったのかというと、直接のきっかけは、いちばん上の姉が赤坂の料亭に嫁《とつ》いでいたからです。

姉の嫁ぎ先に行ったときの衝撃は、とても大きいものでした。目の前に、見たこともないような料理が次々と出てくるのです。「世の中にこんなに豪華でおいしい料理があるのか」と、ただびっくりするばかりでした。このような料理をつくれる料理人こそが、私の中でヒーローになりました。

それだけでなく、将来の進路を考えたとき、料理人は有望な職業に思えました。人間の生活に「衣・食・住」が欠かせないのは言うまでもありません。なかでも「食」は、世の中がどのように変化しようと必要とされるものです。

しかも、当時、日本は戦後の荒廃から立ち直り、高度成長期を迎えようとしていました。生活にゆとりが生まれると、一般家庭でも外食が盛んになるはずです。飲食業に関わる仕事には、必ずニーズがあると思ったのです。

祖父の「富士山のように日本一になれ」という言いつけにしたがって、私は「日本一の料理人」になろうと決意しました。そこで、赤坂の料亭に嫁いだ姉を頼って上京し、代々木の駅前にあった服部料理学校への入学を決めたのです。

そのころの私の夢は、料理の勉強をしてフランスに留学することでした。料理の花形だったフランス料理をきわめて、「日本一の料理人」になろうと思ったのです。

実は、私にはひそかな夢がありました。それはフランスで勲章をもらうことです。フランスでは毎年、大統領が本物の料理人を三人選んで勲章をくれるそうです。ナポレオンのときから始まったこの勲章は、言ってみれば、私にとってはオリンピックの金メダルのようなものです。これを授与されることは、料理人にとってたいへん栄誉なことです。

私は日本人で最初の、この勲章の授与者となりたいと考えていたのです。そうすれば祖父との約束、「日本一になる」が果たせます。

しかし私の夢は、のちに無残にも打ち砕かれることになります。勲章をもらえるような料理人になるには、生まれもった舌や育った環境が必要だとわかったからです。たとえば、ヨーロッパには何百種類ものチーズがあって、料理人はその微妙な違いを舌で味わいわけなければなりません。

ところが私は、高校を卒業するまでチーズというものを食べたことはありませんでした。

生まれて初めて食べたのが、市販のプロセスチーズだったという人間に、何百種類ものチーズの味を見分けることはできません。

またフランス料理には、宮廷音楽とともに発展してきた歴史があります。料理はたんなる味や盛りつけだけでなく、音楽に合わせたクオリティーやハーモニーが要求されます。ヨーロッパの人たちは幼い頃から、すでにバッハやモーツァルトなどクラシック音楽を聴いて育っています。私にはもちろん、そんな環境はありませんでした。

長い歴史をかけてヨーロッパの味と文化に親しんでいなければ、とてもではありませんが、勲章をもらえるような料理人になるのは無理な話です。そうしたことから、フランス料理の修業をして、日本一の料理人になるという私の夢は打ち砕かれてしまうのですが、まだこのときは、そういう未来が待っていようとは想像さえつきませんでした。

†「料理はサイエンス」という発想

昭和二八年(一九五三)に上京した私は、二年間の遊学期間、いうなれば疾風怒濤(シュトルム・ウント・ドランク)期を送ります。母のこともあったので、医療系の分野をめざして勉強し、また当時の言葉で「テンプラ学生」として、いろいろな大学の講義に潜り込んで授業を聞きながら、自分の将来について模索していました。

実は、募集を開始したばかりの立教大学の原子力物理学科を受験して、合格したこともあったのです。けれども兄から、「危険なところに配属されるから絶対にやめろ」と強く反対されたので、入学をあきらめました。こんなふうに新しいものに食いついていくのが自分の性格です。

しかし翌年、やはり料理で身を立てようと、いよいよ気持ちが固まり、当時、料理学校として有名だった服部高等料理学校（現・服部栄養専門学校）の門をたたきました。学校は代々木の駅前にある、木造建てのしゃれた学校でした。

受付で「料理学校に入りたいんです」と元気よく申し出ると、たまたま出てこられたのが服部道政校長（昭和一四年〔一九三九〕に東京高等栄養学校を設立する。当時、日本の料理界をリードしていた）その人でした。私は即座に、「日本一の料理人をめざしています」と自分をアピールしました。

先生は、「君は大学へ通うお金があるのか」と聞きます。私は「母が男兄弟三人には、それぞれ大学へ行けるだけのお金を残してくれました」と説明しました。すると服部校長は、「それなら君は大学へ行きなさい。これからの料理はサイエンスですよ。日本一の料理人をめざすのなら、大学へ行って、サイエンスを学びなさい」と仰《おつしや》ったのです。

なぜ料理がサイエンスなのかというと、料理の過程や組み合わせには、たとえ意図されたものではなかったとしても、科学的な合理性が隠されているからです。たとえば、ホウレンソウにおかかをかけるのは、タンパク質と一緒にとることで、ホウレンソウに含まれる鉄分の吸収がよくなるからです。また茹《ゆ》でたホウレンソウを水にさらすのは、アクの中に含まれるシュウ酸を洗い流して、カルシウムと結合するのを防ぐためです。

料理がサイエンスだという服部校長のそのひと言で、私は時代が大きく変わったのを確信しました。親方の下について、何年も修業し、勘と経験で覚える料理ではなく、きちんとしたサイエンスにもとづいた料理をきわめるのが、これからの料理人です。「日本一の料理人」になるには、サイエンスを避けてとおれないと思いました。

さっそく、私は大学に願書を取りに行きました。料理を科学的に勉強するにはお茶の水女子大学の食物栄養学科が最適だと思ったのですが、受付で「女子だけしか受験できません」とにべもなく断られてしまいました。

食物学の分野では名前を知られていた日本女子大にも行きましたが、同様の理由で拒否されました。勉強したい学問があるのに、私には行ける大学がありません。二つの大学とも、女子大なので、男性である私が入れないのは当然とはいえ、この時の悔しい経験も、のちに私が大学を設立する強い動機になりました。

やむなく、料理とは少し方向性が異なりましたが、食物関連ということで、東京農業大学農芸化学科に入学します。上京して三年目のことでした。

†料理学校の〝夜の校長〟と呼ばれて

大学への進学と前後して、私は改めて服部高等料理学校の門をたたきました。料理のサイエンスを勉強するにしても、料理そのものを知らないと話になりません。いっぽう、大学では料理を教えてくれませんから、どこかで料理を専門的に習う必要があったのです。

しかし昔と違って、故郷の佐藤家には、私が同時に二つの学校に通えるほどの財力はありませんでした。そこで私は、服部家に料理学校の書生になることを申し出たのです。私が下宿させてもらっていたもう一人の姉の家が、服部校長の隣りだったという嘘のような偶然も、私の背中をあと押ししてくれました。

そこで、「私を書生として使ってください。給料はいりません。〝二四時間〟働きます。その代わり、朝八時から午後四時までは大学に行かせてください。それ以外の時間なら、いつでも、どんなことでもやります」と申し出たのです。

その言葉通り、朝六時から料理学校へ行き、掃除や食材の準備などをすべて一人で請け

服部学園の書生だった頃の私.

負い、昼間は大学へ通いました。そして夕方になって大学が終わると、また料理学校に戻ります。授業の手伝いはもちろん、後始末や掃除、食材の注文など、それこそコマネズミのように働きました。

ようやく料理学校の授業が終わり、生徒や先生たちが帰ってしまってからの夜間の時間帯が、私の黄金タイムです。学校の冷蔵庫にはウニやシャコ、イクラ、ナマコなど、それまで見たこともなかった食材がいっぱい詰まっています。私は聞きかじった授業を思い出し、教材の献立を調べ、時には残った食材の味見もして、自分の勉強を始めました。

食材を発注するのも私の仕事でしたので、冷蔵庫の中の在庫を吟味しつつ、発注する食品を考えました。いつのまにか八百屋、肉屋、米屋など、食材の仕入れはすべて私をとおすことになりました。その権限は絶大で、私は取引先から、ひそかに「夜の校長」と呼ばれるほどになっていました。

私の働きぶりがよかったのでしょう、服部家側からは、きちんとした給料が支払われることになりました。その上、授業の時に先生をサポートする、助手としての職も正式に与えられたのです。つまり私は大学一年生にして、服部高等料理学校の助手を務めるようになったわけです。

そのいっぽう、大学での授業は、やはり期待していたものとは違いました。私は料理とサイエンスに関する学問を学びたかったのですが、大学での講義は、食物学とはいうものの農業全般を対象とした農学に近いものが多く、土壌学や肥料など私にはあまり興味のないものばかりでした。

料理学校で夜まで働いていた疲れもあり、大学では寝ていることもしばしばでした。私があまりに居眠《いねむ》りばかりしているので、同級生たちから「ねむたろう」というあだ名がつけられてしまったほどです。せっかく食物に関する最先端の科学・技術を教えてくれていたのに、大学の先生がたには本当に失礼なことをしたと反省しています。

とはいえ、学問に関心がなかったわけではありません。私も一時は、学者になる道を考えたこともあるのです。大学に入学したての頃、「調理物理学」という学問があることを知り、たいへん興味を覚えました。「味噌汁が冷たくなると、なぜまずくなるのか」とか、「ひと晩寝かせたカレーは、なぜおいしいのか」といったことを、物理学の観点から解明していく学問です。

私は「調理物理学」の本を何冊も集めて、夢中で読みふけりました。ただ学問分野としては歴史も浅く、したがってそれまでの研究の蓄積も薄くて、あまり注目されている分野ではありませんでした。しかも料理を分析するには、物理学ではなく栄養学の見地からアプローチしたほうが成果を得やすいということもわかりました。

それに私自身は、対象を限定して地道に研究する性格でもありません。「食物史」に興味をもった時期もありましたが、やはりそればかりを専門に研究するほどには没頭できません。大学と料理学校をかけ持ちし、毎日身体を使って忙しくしているほうが性に合っていたのです。

†なぜ肉屋と米屋でアルバイトをしたか

服部高等料理学校で〝夜の校長〟を務めるうちに、私は食材の流通やビジネスの仕組みに関心を持つようになりました。米屋はなぜ儲《もう》かるのか。肉屋はどうやって利益を得ているのか。魚屋はいたみやすい魚を、どうやって保っているのか。

料理学校が開かれている平日は、その仕事で手いっぱいでしたから、私は学校が休みの休日に肉屋や八百屋、魚屋を回って、アルバイトをさせてもらいました。店の内部に入り込み、食材の流通の仕組みや儲けのからくりを知りたいと考えたからです。

たしかに内側に入ってみて、安定していて信用に値いする店が、どのように適正にシステムを維持しているかがわかりました。

けれども、いくつか思いがけない事実にも触れることができました。たとえば、いままではまったく考えられないことですが、ある肉屋では客に高い肉を見せ、実際には安い肉を混ぜて渡していたのです。

一〇キロの肉の中に一キロの安い肉を混ぜただけでも、それが続けばかなりの儲けになります。客のほうは、見ただけでは高い肉と安い肉との区別がつかないので、やすやすとだまされてしまうわけです。

業者にだまされないためには、自分自身が肉の目利《めき》きにならなければなりません。私は開店前から肉屋へ行き、業者を待ち構えて、届けられる肉を確認しました。この肉はどの部位の何等級の肉か、肉屋の親方に教えてもらいながら、ひとつひとつその場で確認するのです。何度もくり返しているうちに、ひと目見ただけで、どこの肉か、どれくらいの価格かが、直感でわかるようになりました。

同様に米屋でも働かせてもらいました。やはりここでも、いまではあり得ないことですが、親方が米を扱うのに立ち会っていると、当時の米屋の儲けのからくりが見えてきます。

ある米屋では、親方が下のほうにたまった古米を新しい米に混ぜ、新米として売っていました。

さらに別の米屋では、取引きのあるホテルの料理長が変わると、とびっきりいい米を持って売り込みに行きます。そして最初の何回かは、赤字覚悟でいい米を納めます。料理長の信頼が得られたころを見計らって、安い米を少しずつ混ぜていくのだ、というような話を聞いたこともありました。

田舎で育った私には、古い米の味がすぐわかります。けれども米の産地から遠い都会の人間には、米の味はよくわからないでしょう。客はまんまとあざむかれ、古米が混ざったものを高い価格で買わされてしまうわけです。

許されないことであるのは言うまでもありませんが、当時は、そうでもしないと儲けが出なかったという実情も否定できません。もちろん、ほとんどの商人は信用を第一として、それぞれの「のれん」を守ろうとしていたわけで、こうしたお店が少数だったことは付け加えておきたいと思います。

八百屋や魚屋でも働かせてもらい、新鮮な野菜や魚の見分け方も学びました。魚は青い光の下に置くと新鮮に見えるという魚屋の技についても、このとき初めて学びました。

このように、私は学生時代に現場でいろいろな名人に教えを請い、食材の選び方や見せ方、だまされないコツなど多くのことを学んだのです。

†清掃の仕方は駅で学んだ

私の関心は食の分野にとどまりませんでした。清掃の分野でも、私はエキスパートになりました。なぜかというと、私は毎朝六時に料理学校に行き、校内の掃除を一手に引き受けていたからです。

料理の世界では、厨房やホールをピカピカに清掃して清潔さを保つことは、調理と同じくらい重要でした。しかし私には大学の授業もありましたので、掃除に時間をかけているわけにはいきません。

ではどうやったら、短時間で、きれいに、効率的に掃除ができるか。その方法を習得したいといつも頭をめぐらせていたことが、掃除のエキスパートになる道につながったのです。

ヒントになったのは、駅員たちの掃除です。私は近くの駅に行って、彼らが毎日どのように清掃しているのか、ホームで観察することにしました。何日も通って掃除を見ていると、彼らのやり方の工夫が見えてきます。

たとえば雑巾《ぞうきん》でふき掃除をするとき、彼らは雑巾を一度に何枚も用意して、片っ端から拭いていき、汚れた雑巾はバケツにどんどん放り込んで、ある程度たまってから、まとめて洗っていたのです。

駅員によっては、反対側のホームから、バケツめがけて投げ入れる〝猛者《もさ》〟もいました。なるほどこうすれば、いちいちバケツのところまで戻って雑巾を洗う手間が省けます。

また雨が降って、駅の階段やホームが泥で汚れているときは、ジョーロで泥を流しながら掃除をしていました。雨の日に水を使うという発想は、ふつうは浮かんでこないのではないでしょうか。ところが、たしかに水で流したほうが、実際に泥が自然に流れてきれいになります。

さらに、この汚れにはこの洗剤とか、この床ならあの洗剤といったように、洗剤の種類や組み合わせにもコツがあります。こういうことは机上でいくら考えていてもわかりません。実際に現場へ行き、自分の目で作業を観察し、あるいは自ら試してみて、初めてわかることです。

私は駅で何カ月も掃除の仕方を観察し、それを料理学校の清掃で実践して、工夫を重ねました。その結果、大学を卒業するころには、自分でも掃除専門の会社を作れるくらい、掃除の技術を身につけていたのです。

のちに文理佐藤学園をつくったとき、私が何より大切にしたのは現場で学ぶ実践教育です。たとえば、小学生にいきなり「英語のシャワー」を浴びせたり、中学生の修学旅行では、ローマ法王に謁見をお願いしました。

大学でも、教室での講義や読書ばかりでなく実践的な教育を取り入れるなど、常識的に見れば突飛と思われる体験教育をこころがけたのも、若き日の私自身のこうした体験が下敷きになっています。

目で見て鼻で嗅ぎ、耳で聞いて肌でふれ、舌で味わう。書物だけに頼らずにそれぞれの五感を大切にしてこそ、人は初めて、身についた本当の知識を習得していくのではないでしょうか。

†「ホスピタリティ」との出会い

ところで、私は学生時代、たまたま日本経済新聞を眺めていた時、「ホスピタリティ」という言葉を目にしました。気になってその聞きなれない言葉の意味を調べ始めたことによって、それは私にとって運命的な出会いに発展して行きました。

なぜ日経新聞を読んでいたかというと、この頃、私は学生の身分でありながら、株の取引もしていたからです。きっかけは服部高等料理学校の、ある先生に勧められたことによります。その先生のところには、証券会社の社員がときどき出入りしていました。

先生は私に向かって「佐藤くん、将来のことを考えるなら株をやりたまえ。株をやれば、経済の動きがわかるよ。新聞は日経か産経をとりなさい。両方とも経済情報が充実しているからお勧めですよ」とアドバイスしてくれました。

そこで私は日経のほうを購読し、すみからすみまで目を通すのが日課になりました。私が株に関心を持っていることを聞きつけて、あやしげな輩が儲け話をもって近づいてくるようにもなりました。

まだ若かった私は、まんまと口車《くちぐるま》に乗せられて、さんざんな目にあったこともあります。なかには、私のお金を持ち逃げした証券会社の委託社員もいました。その結果、株で得たお金が、かなりなくなってしまうという苦い経験をしました。

それ以来、今日に至るまで株には関わっていません。株以外のほかの投資で運用し、将来、料理人になって独立するときのための資金として、銀行に預けるようにしました。

日本経済新聞の株式欄に目を通す習慣はいまも続けています。あいかわらず株は買いませんが、「もし一億円を投資したら、一週間でいくらになったか」をシミュレーションして、楽しんでいます。

なぜなら株式欄を見ていると、経済がどう動いているのかがよくわかってくるからです。ですから子どもたちも、幼い頃から株式欄を見て、たとえば「もし一億円あったらどの株を買うか」というようなシミュレーションを重ねる機会があれば、世の中の動きを読む力や勘が養えるのではないでしょうか。

話をもとに戻すと、日経新聞を見るのが日課だった私は、その中に「ホスピタリティ」という言葉を見つけたのです。

記事そのものは、帝国ホテルの支配人だった林愛作《はやしあいさく》さん（一八七三―一九五一。帝国ホテル初の日本人支配人）が、ニューヨークの高級ホテルであるウォルドルフ＝アストリアで働いていた犬丸徹三《いぬまるてつぞう》さん（一八八七―一九八一。日本の実業家。元帝国ホテル社長）を、帝国ホテルの支配人として引き抜いたという歴史を伝えるものでした。

犬丸さんは東京高等商業学校（現・一橋大学）を卒業したあと、アメリカに渡って、世界的に有名な高級ホテルであるザ・リッツ・カールトンなど、そうそうたるホテルでボーイや料理人をしていた人物です。

ところが東京高商の卒業生の中には、一流ホテルとはいえ、そんな下働きに甘んじているのかと、犬丸さんに軽侮《けいぶ》の念を示す人たちもいたそうです。しかし見る人が見れば、その人がどんな仕事をしていても、能力はちゃんとわかるはずです。

林さんは犬丸さんのホスピタリティあふれる働きぶりに感心し、「将来、帝国ホテルを担《にな》うのはこの男しかいない」とスカウトした、という記事でした。

「おもてなし」と訳されていた「ホスピタリティ」という言葉や、「ホテル学」という言葉も、その時の記事で初めて知りました。これからの料理人には、料理の技術だけでなく、サイエンスとホスピタリティが必ずもとめられるはずだ。とくにホスピタリティは、まずあらゆるサービス業に必要とされる精神になるだろうと、私は直感しました。

そして私は、もっとホスピタリティについて勉強したいと思いました。けれども当時の日本には（おそらく本学を除けば今も）、ホスピタリティを教えるところはありませんでした。ホテル学についても、やはり当時は教えるところがなかったと思います。

それから半世紀ほど経って、私が西武文理大学にサービス経営学部をつくったのは、この記事の記憶があったからです。しかしそれでもなお、ホスピタリティの概念を文部科学省など国になかなか理解してもらえず、大学設立には苦労しました。

それに関連してあえて付け加えれば、たとえばニューヨークには、全米屈指の名門校として知られるコーネル大学のホテル経営学部があります。にもかかわらず、なぜ日本にはホスピタリティを専門に教える大学がないのでしょうか。私には「お上」のカタい頭に、いまだに納得がいきません。

†「ねむたろう」が「優」をもらう

料理学校の手伝いや助手としての仕事が忙しく、大学ではほとんど寝ていましたので、いざ卒業する段になると、単位で苦労することになりました。

肥料学のある授業は必須科目だったのですが、私はその授業にまったく出ていませんでした。しかし卒業するには、その単位が必要です。意を決して、私は先生のところに「単位をください」と頼みに行ったのです。

先生はあきれ顔で、「農大の歴史始まって以来だぞ。授業に一回も出席しないで、単位をくれと言ってきたのは」と言います。けれども、ここで追い返されては卒業できません。私も必死になって先生にお願いしました。

当時、私は渋谷にある有名料理店に、料理の研究のためにコック見習いで入っていました。そこで先生に、「私は料理のサイエンスを勉強するために、また学費も稼がねばならず、昼夜を問わず働いています。大学へ来ている時間がなかったのです」と弁明しました。

先生は「そこまで言うのなら、ためしに私の目の前で料理をつくってほしい。それを食べてみれば、本当に料理屋で働いているかどうかがわかるでしょうから」と言います。そこで私は、調理道具一式と食材を持って先生の研究室へ行き、腕によりをかけて数品《すうしな》の料理をふるまいました。

先生は私の料理に舌鼓を打ちました。そして「たしかに君の料理は本物だ。昼夜なく働いていているのも本当らしい。わかった。単位をやろう」と言ってくれました。それどころか、私に「優」の成績をくれたのです。今ではとても考えられないことですが、授業に出席せずに「優」をもらったのは、東京農大において、あとにも先にも私ひとりではないでしょうか。

もっとも、こんなに話がわかる先生ばかりではありません。何しろ私は大学では寝てばかりでしたので、授業はさっぱり聞いていません。その状態で試験を受ければ、落第点をとるのは目に見えています。そこで私がとった方法は、しかるべき友人に美味な料理をごちそうすることでした。

まず同級生の中で、授業によく出席している親友を誘い、料理学校に来てもらって、〝夜の校長〟である私がつくった料理を食べてもらったのです。彼らは、いつもは口にできないおいしい料理に感動して、喜んでノートを貸してくれました。彼らのノートのおかげで、私は必要な単位を取り、無事卒業することができたのです。

実は、先ほどの必須科目の場合も、先生に料理をふるまっただけでなく、同時に友人から借りたノートで、必死に勉強してもいました。

ときどき、「勉強ができないから料理人になったんだろう」とか、「料理人はバカが多い」などと悪意や偏見に満ちたことをいう人がいます。とんでもない話です。料理人ほど「生きる力」にあふれている人たちはいないと私は思っています。

いろいろなお客さんに対応できる臨機応変の力や、料理をおいしく見せる美的センス、食材の力を引き出し料理として完成させる創造力など、さまざまな能力を結集させているのが料理人です。敷衍《ふえん》すれば、その力は人生の荒波を突破して進もうとする、「生きる力」そのものでもあるのです。

料理人の修業を通して、私は人生に必要なたくさんの能力を獲得することができました。大学でずっと寝ていた「ねむたろう」でも、「優」をもらって、堂々と卒業することができたのです。

†ネルー首相を喜ばせたカレーの味

大学と料理学校を掛け持ちする忙しい学生生活を終えた後、私は四年間、服部高等料理学校で栄養化学の講師を務めました。それまで長く服部学園にお世話になったことへの、恩返しのつもりでした。

その後、サイエンスとホスピタリティにもとづいた「日本一の料理人」をめざして、有名なレストランに入社しました。料理人として配属されると、さっそく自分の考えるサイエンスとしての料理やホスピタリティの実践に取り組みます。

味だけにこだわるのではなく、栄養価にもとづいた献立を考えたり、厨房《ちゅうぼう》や料理器具の消毒、殺菌法に関して、科学的な見地から提案したこともあります。

ホスピタリティの実践については、こんな体験もしました。

昭和三二年（一九五七）の一〇月に、国賓《こくひん》として来日したインドのジャワハルラール・ネルー首相（一八八九―一九六四。インドの初代首相。インド独立運動の指導者）の歓迎会が、私の働いていたレストランで催されることになりました。その際、どんな食事でもてなしたらよいかを決めるために、料理人が集められて相談することになりました。私は厨房では最年少の料理人でしたが、臆《おく》せず手をあげて意見を述べました。

「ネルー首相に日本の刺身を出しても、外国の方には生臭いだけで、あまりうれしくないと思います。それより首相がイギリスに留学されていたとき、ケンブリッジの学生寮の食堂で召し上がったというカレーを再現して、お出ししてはどうでしょうか。きっと若い日のことを思い出して、心が癒《いや》されると思うのです。おもてなしとはそういうことだと思います」。

多くの先輩をさしおいて、ずいぶん生意気なことを言ったものです。もう半世紀以上前のことになるのですが、いまでも冷や汗が流れる思いがします。けれども若い私の意見に、先輩たちはなるほどとうなずいてくれました。

さっそくケンブリッジ大学に問い合わせ、学生寮のカレーのレシピを教えてもらい、その味をできるだけ忠実に再現してネルー首相にお出ししました。ネルー首相は最初のひと口を味わうなりすぐに、「おいしいね、このカレー。どこだか思い出せないが、懐かしい味がする」とおっしゃったそうです。

そしてひと口、もうひと口と味わうように食べるうち、ぱっと花が咲いたような笑顔になって、「そうだ！　これはイギリスの学生寮で食べたカレーだ！」と、たいへんお喜びになったと聞きました。私は心の中で拍手喝采していました。

ホスピタリティとは、まさにこういうことです。珍しいフルーツや斬新なメニューを出すのがおもてなしではありません。ある時には、その人の人生の貴重な瞬間や楽しい体験を料理を通して再現し、幸せな気分になっていただくことこそが本物のホスピタリティなのです。

こうして私は、国賓をお招きした席で、喜んでいただけるおもてなしを実現できました。

自分もまた日本の外交に、ほんのわずかですが貢献できたことが無上の喜びとなり、誇りにもなりました。

†トンネルの先に見た一条の光

しかし私の料理人時代は、いまふり返っても、真っ暗なトンネルの中にいるような試行錯誤の連続でした。当時はまだ、料理人の世界には徒弟制度が根強くあって、新入りは親方の背中を見て修業しなければなりませんでした。どれほど「これからの料理にはサイエンスとホスピタリティが必要だ」と力説しても、なかなか聞いてもらえる環境ではなかったのです。

加えて、私は自分自身の料理人としての才能に限界も感じていました。前にもふれましたが、私にはもって生まれた「舌」の才能、いってみれば「味才」というものがありませんでした。すでにふれた通り、何百種類ものチーズを判別したり、ワインの微妙な香りや味を区別する素質も才能もなかったのです。

レストランに就職してから、私はいつも、誰よりも先に出勤して厨房に行き、冷蔵庫の中のチーズを味見して舌を鍛えました。努力すればなんとかなる、そう思っていたからです。けれども、毎日包丁《ほうちょう》の切っ先でチーズを切って味見《あじみ》をしても、いっこうに味がわかるようにはなりません。

どんなにつらい練習を重ねても、誰もが日本を代表するオリンピック選手になれるわけではないのと同じです。私にはいくらがんばっても、「日本一の料理人」になれるような、秀でた「味才」がなかったのです。

「日本一の料理人になるのだ！」と意気込んで料理の世界に飛び込んだものの、思うような成果もあげられず、鬱々《うつうつ》とした毎日が過ぎていきました。日に日に焦りだけが強くなっていきます。

冬の晴れた日には、東京からでも富士山が見えます。はるか遠くにかすむ故郷の富士山に向かって、私は自問自答ばかりしていました。「どうやったら、あの富士山のような日本一の人間になれるだろう」。「私は、はたして日本一の料理人になれるのだろうか」。

そんなある日のこと、遠くに見える富士山を眺めながら故郷を思い出していたとき、突然、空から降ってわいたようにひとつの考えがひらめいたのです。「私は日本一の料理人になるのは無理だ。しかし日本一の料理人を育てる学校なら、つくれるのではないか」。

幼い頃、祖父の大きくて温かいあぐらに座って聞いた言葉が、鮮明によみがえってきました。「事業をやるなら学校をつくりなさい。お金は社会の役に立つことに使うのだよ」。

祖父はとうに亡くなっていましたが、その言葉が、まるですぐ耳元で聞こえたかのように、私の脳裏によみがえってきたのです。

とたんに、真っ暗だったトンネルを抜けたように目の前が明るくなりました。幸い、私はビジネスの仕組みを考えたり、運営を行うのは得意でした。ですから、料理人になるより、人を育てるマネジメントのほうに適性があるのかもしれません。

「そうだ！　料理人を育てる学校をつくろう。日本一の料理人を育てるための、日本一の学校をつくるんだ！」。

二八歳だったこのとき、私ははっきり将来の道を決めたのです。サイエンスとホスピタリティにもとづいた料理人を育てる。私がつくった「日本一の学校」から、「日本一の料理人」を世界にはばたかせたい！

明確な目標を定めてからは、迷いはありませんでした。その日から、私は夢に向かってひたすらまっすぐに、自分の道を歩き出していったのです。

†夢を支えてくれた妻との出会い

そのころ、いまだに独り身で結婚の気配さえない私を心配して、故郷の兄姉や親戚から

初めてつくった西武栄養料理学院の創立記念会での妻と私（1966年）.

いくつか縁談の話が持ち込まれました。なかには、家格が釣り合うということで山梨県の名家の娘との縁談もあったのですが、「料理人に娘をやるわけにはいかない」と、向こうから断ってきたこともありました。

そもそも私には、これから学校をつくるという大きな夢がありました。その夢を理解してもらえないのなら、どんな良縁であったとしても受け入れるわけにいきません。

そうした折り、ある大手ディベロッパーの重役のお嬢さんとの縁談が持ち上がりました。この家は、大和朝廷の時代から占いを専門としていた卜部《うらべ》家の直系とのことでした。卜部家は亀の甲羅で吉凶を占う亀卜《きぼく》を得意とし、奈良、平安時代から、時の朝廷で重用されてきた一族です。

そのせいかどうか、当主である重役さんにも勘が鋭いところがありました。彼には三人の娘がいましたが、意外にも私にこんなアドバイスをしてくれたのです。「君は次女と見合いをするように。もしこれから事業を始めるのなら、次女がいいぞ。次女と結婚すれば、君の事業は成功するはずだ」。

長女のほうは結婚する相手が決まっていたので、私は彼女たちの父親でもあるその重役さんの勧めに従い、次女のほうと見合いをしました。それが妻の富美子です。私たちは一九六二年、私が二七歳、富美子《ふみこ》が二三歳のときに結婚しました。

結果的に、この結婚は大成功でした。妻の富美子は私にとって、かけがえのない存在になったからです。彼女がいなければ、今の文理佐藤学園は存在していなかったし、学校をつくるという私の夢も実現していなかったでしょう。彼女は「学校をつくりたい」という私の夢に共感して、結婚を決めてくれたのです。そして、実によく私に協力してくれました。

学園発足当時、忙しくて事務作業の時間がとれなかった私に代わって、妻が式辞や挨拶文などのすべてをまとめてくれました。学校の教育指針を示す「情熱百万馬力」や「心のご飯　西武文理学園」など、数々の標語やスローガンをつくってくれたのも彼女です。

『文理佐藤学園の風』(佐藤英樹, アイ・ケイ・コーポレーション, 2006年).

妻は弱音《よわね》を吐くことがなく、あきらめない性格です。私が次々と大風呂敷の夢を語り、その夢に向かって猪突猛進《ちょとつもうしん》していっても、止めるどころか、「もっとできるんじゃないかしら」と私を励ましてくれるのです。

そして私がピンチに陥《おちい》っても、明るくふるまってくれました。その明るさにどれほど救われたことか、感謝の言葉もありません。彼女の支えがあって、今の私があります。富美子は私が描く夢を裏で支え、華やかな舞台を演出し続けてくれた影の立役者です。面と向かってお礼を言ったことはありませんが、文理佐藤学園は私ひとりでつくったものではありません。富美子と二人、夫婦で力を合わせてつくった、私たちの努力と汗と情熱の結晶なのです。

第3章　学校創立へ向かって

西武文理大学

†ハワイで考えたこと

二八歳のときに学校をつくると腹を決めた私は、仕事の合間をぬっては、いろいろなところに視察に行きました。当時、私はレストランをやめ、渋谷で料理屋を開業していました。そこはかなり繁盛していて、学園創設に向けて準備が整いつつあるという実感がありました。

こうして昼夜なく働き続けた結果、学校をつくる資金がある程度の額に達したのです。さらに大学時代、株で得たお金を元手に投資で運用した資金も、まとまった金額になっていました。

当初は、この資金をもとにいきなり学校をつくるのではなく、会社をつくって飲食店を経営し、事業を成功させてから教育事業へ、という構想もありました。これからの時代には、外食産業は必ず伸びてくると予測していたからです。

そこで、料理関係者を対象にした、ハワイへの外食産業の視察に参加してみました。〝外食先進国〟のアメリカでは、どんな経営が行われているのか、期待をこめて出かけてみたのです。しかし当地で見たのは、衝撃の光景でした。

私が視察したあるホテルの厨房では、系列店に出すカレーをつくっていました。まず驚いたのは、カレーを五〇人分単位で、大鍋《おおなべ》で一度にまとめてつくっていたことです。ニンジンやたまねぎ、肉といった材料もすべて等分に切ってあり、キロ単位でカゴにいれられ、ベルトコンベアで流れてきます。それらを炒めて煮る工程も、すべて時間が細かく決められていて、誰がつくっても同じ味になるようにマニュアル化されていました。

これでは料理人が腕をふるう余地がありません。もちろんホスピタリティもサイエンスも、まったく考えられているとは思えません。「まるで家畜のエサのようではないか」、というのが私の正直な感想でした。

外食産業で利益を出そうとしたら、このようにすべての工程からむだを省き、徹底的に合理化するしかないのでしょう。けれども、たとえこのやり方で「日本一の外食企業」になれたとしても、少しもうれしいとは思えないでしょう。

実はハワイに視察に行ったことがきっかけで、私のもとにはハワイでホテルを経営する計画が持ち込まれていました。「ハワイでホテルを経営するのも面白そうだな」と少しだけ心が動いてしまい、仮契約まで交わしていました。

けれどもその話を富美子にすると、彼女は憮然《ぶぜん》とした表情で、きっぱりとこう言ったのです。「私は、あなたが学校をつくると言うから結婚したのです。学校ではなくてホテルを経営するというのなら、あなたと結婚はしませんでした」。

たしかに、私はもうかる仕事をしたかったのではありません。学校をつくって、「日本一の料理人」を育てる。そして社会のために役立つ仕事、後世に残る仕事がしたかったはずです。

はっとしました。初心に帰るとはこのことです。一瞬でもハワイでホテルを経営しようなどと心が動いたことを恥じ、私は改めて「日本一の料理学校」の設立に全力を傾けることにしました。

†なぜ国道16号線だったのか

私は仕事が休みになるたびに、学校を建てる用地を探しに行きました。富美子と二人で、足を棒にして歩き回りました。

私たちの土地の探し方は独特です。候補の土地が見つかると、朝・昼・晩と時間帯を変えて現地に行き、人の流れを観察するのです。どんな層の人が、何人くらい、どんな用事で通行するのか。人を観察していると見えてくるものがたくさんあります。この方法は新しい事業を計画するとき、私が必ず実行している調査法です。

やがて新所沢の駅から徒歩二分ほどの場所に、学校を建てるのにちょうどいい更地《さらち》が見つかりました。今でこそ、所沢周辺はたいへん開けたおしゃれな地域になりましたが、当時は駅前とはいえ、松林の中に団地と町ができたばかりでした。まだ人はそれほど住んでおらず、ホームだけがさびしそうに見えるという一帯でした。空き地が目立つ広い空間だったといってよいでしょう。

こんなところに学校をつくっても、生徒は集まらないのではないか、と考えるのがふつうです。しかし現地に行って人の流れを観察してみると、都心に勤めに出るサラリーマンが多いことがわかりました。周辺では住宅地が次々に開発され、重機の音が響いています。じきにこの周辺はにぎやかな街になる——そう確信した私は、ここに土地を購入し、学校を開く決心をしたのです。昭和四〇年（一九六五）、私が三〇歳のときでした。

ところで、休みのたびにと申しましたが、私はあてずっぽうに空き地をさがしていたのではありません。候補となる土地は、みな国道16号線に沿った地域でした。なぜ国道16号線だったのかというと、これから新しく繁栄するのは、この国道沿線だと考えていたからです。

国道16号線とは、横浜から八王子、狭山を通って川越、柏、千葉から富津《ふっつ》にいたる、東京をぐるりと囲む幹線道路です。このうち南武蔵野にあたる横浜や相模原、八王子は、すでに開発が進んでいました。

このあたりは、祖父が製糸工場を営んでいた時代からそうでした。そこで、次に発展するのは南武蔵野と東武蔵野に囲まれ、国道16号線に沿った所沢や狭山、川越地区の、いわゆる西武蔵野だとにらんでいたのです。

16号線の内側には、玉川、高井戸、練馬、赤羽を結ぶ環状8号線がありますが、この沿線はすでに街が成熟しており、これから参入するにはハードルが高い場所でした。しかし国道16号線沿いはまだ空き地も多く、発展の可能性が高い場所だったのです。

ちなみに、東京を一周する同心円の幹線道路の中で、東京の中心地にいちばん近いのは環状1号線です。銀座、霞が関、大手町といった日本の中央を結ぶ道路で、周辺は日本でもっとも地価の高い場所として知られています。

この辺に土地を持っているのは、今から四世代か五世代前に東京に来た人たちで、とりあえず明治維新を起点として年齢に換算してみると、いま一五〇歳くらいになっている計算になります。それだけの時間をかけてやっと手に入れられた場所に、今から乗り込んでいって学校を建てるとしたら、資金がいくらあっても足りません。第一、空いている土地もないでしょう。

では環状1号線の外側、環状8号線沿いはどうかというと、土地を持っているのは三、

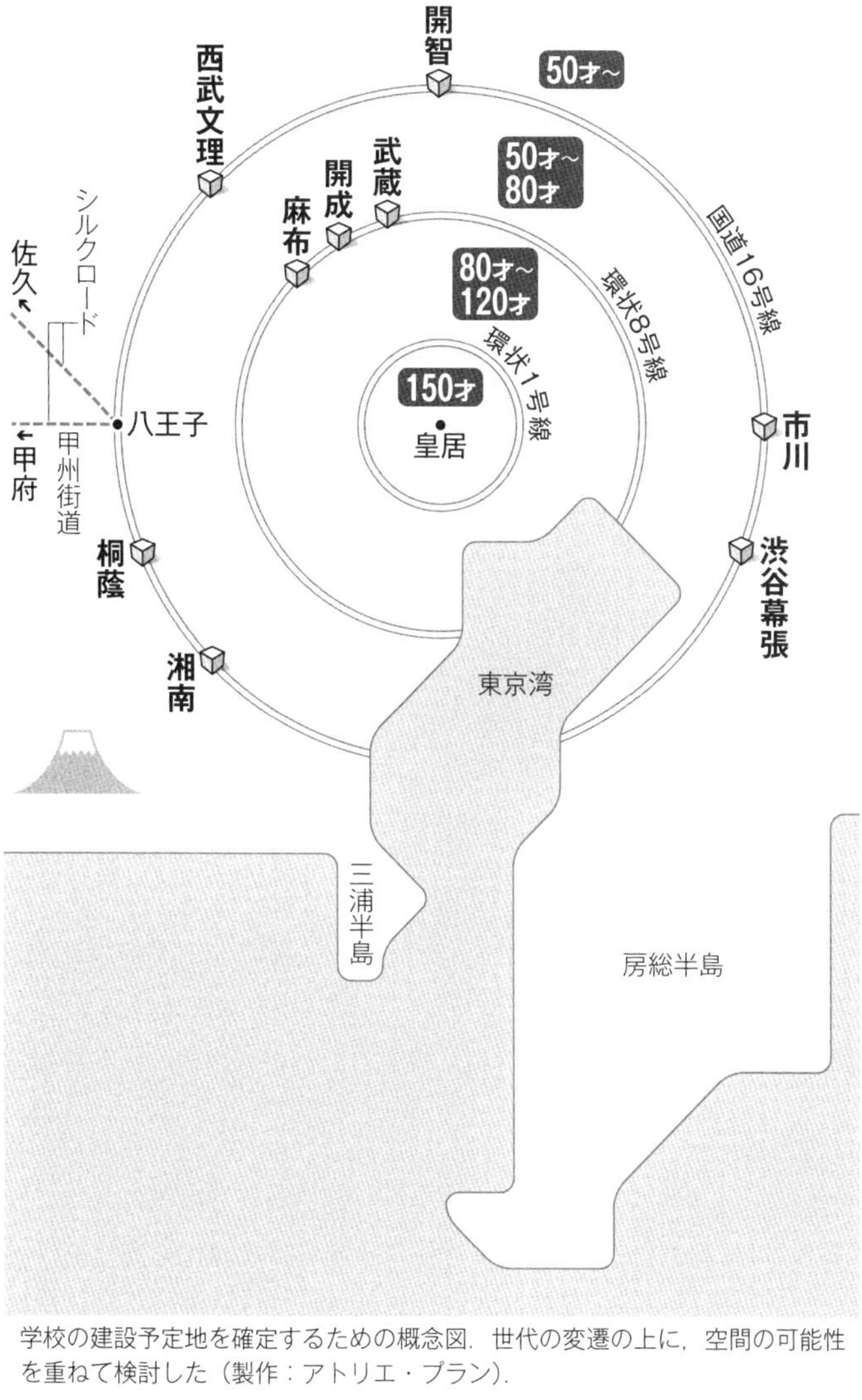

学校の建設予定地を確定するための概念図．世代の変遷の上に，空間の可能性を重ねて検討した（製作：アトリエ・プラン）．

四代前から住み始めた人たちで、やはり年齢換算すると八〇—一二〇歳くらいになるでしょうか。こちらも、もうすでに街ができあがっていますから、あらたに学校用地を取得するのは難しいでしょう。

けれども、もっと外側の国道16号線になると、まだ土地は空いていて、私が土地を探し始めた頃は、これから住み始める人たちがどんどん流入している時代でした。やはり年齢換算すると、いま五〇—八〇歳くらいの人が中心です。私が今年（二〇二二年）八七歳ですから、ちょうど国道16号線沿線に土地を持っている人たちと年齢層が重なります。

このように、新しく土地を買って学校をつくるには、国道16号線沿いは最適な場所だったのです。実際、文理佐藤学園をつくってから、東京周辺の進学校の分布図をつくってみると、面白いことに気がつきました。

環状6号線と環状8号線との間に建てられているのは、麻布高校や開成高校、武蔵高校の御三家など古くからある伝統校です。しかし西武文理中学や高校がある16号線沿いの学校を調べてみると、神奈川の桐蔭学園、さいたま市の開智高校、千葉の市川高校、渋谷幕張高校など、いずれも比較的歴史が新しい有名校が点在しているのです。

道路に沿って街ができ、街と一緒に文化が育ち、学校ができ、教育水準が上がっていく。まさに、これから成長していく国道16号線沿いに学校をつくろうと考えた私の視点は、間違っていなかったと思います。

†「西武栄養料理学院」をつくる

さて新所沢の駅前に土地を購入した私は、まずはこの土地に自宅用として六畳一間の建物を建てました。それまでずっと貸家住まいでしたから、小さくても自分の家を持てたのは感慨深いものがありました。

同時に学校の建設も始まりました。私がつくろうとしたのは、「日本一の料理人」を育てる料理学校です。二八歳で料理学校をつくろうと決意した時から、私は各地の料理学校や調理師専門学校の資料を集めていました。調べてみると、ほとんどの学校はおいしいものをつくることに焦点を当てていて、料理をサイエンスとしてとらえているところはありませんでした。

しかしサイエンスを学ばずに、今までのように勘や経験に頼って調理をしていては、「日本一の料理人」にはなれません。この食材はなぜこう扱うのか、これとこれを組み合わせると、なぜおいしくなるのかなど、素材の変化のメカニズムをきちんと学んでこそ、食材の良さが引き出せます。

新所沢駅近くに建設中の西武栄養料理学院（1966 年頃）.

料理にサイエンスの光を当てるのが、私がつくる料理学校の大きな特徴です。さらに私が学校の創立にあたってこだわったのは、くり返しになりますが、ホスピタリティの精神です。料理をなりわいとするなら、「人に喜んでもらうこと」を忘れてはいけません。そしてそのためには、人間的な教育も欠かせません。

私は学校の方針として、おもてなしの心と礼儀作法、人間性の重視を掲げました。この創立の精神は、のちに文理佐藤学園が小学校から大学まで抱える学園に成長した今も、変わることなく生き続けています。

こうして一九六六年春、サイエンスとホスピタリティに重きを置くユニークな栄養調理学校が所沢に誕生しました。学校がある西武蔵野から名前をとって、「西武栄養料理学院」（現・西武調理師アート専門学校）と命名し、第一期の学生を迎え入れました。私が三一歳のときです。

開校したとき、妻の富美子が終日受付の窓口に座り、事務作業を引き受けてくれたのは、私にとって何より心強い応援になりました。強い味方が近くにいるのは、何ものにも代えがたい力を与えてくれます。

私は学校で学生たちを教えながら、空いた時間には、料理をつくって食べてもらう小さな食堂や料理講習会を実施していました。理論だけでなく、実践も経験してほしかったからです。

学校は、さながら教室と食堂が一緒になってカオスとなり、活気あふれる場所になりました。いつ行っても、学生たちのおしゃべりや笑い声が満ちています。

今までの料理学校とは一線を画した、サイエンスにもとづく料理学校という特徴が注目され、学生はどんどん集まってきました。新入生を募集すると、あっという間に定員が埋まってしまいます。

家庭では長男と長女が生まれ、富美子は子育てに忙しくなりましたが、私には家庭をかえりみる余裕はありませんでした。家に戻るのはいつも深夜になってしまい、休日は病人のように寝てばかりです。

まだ小さかった息子が心配して「お父さんは僕に勉強しろというのに、自分はいつも寝ている。お父さんが寝てばかりいて、この家はやっていけるのですか」と聞いたことがあるそうです。それくらい、当時の私は多忙で、追われる日々を過ごしていたわけです。

そのころの私は、一日一二時間は働きました。ふつうの人は一日八時間ですから、一・五倍働いていた計算になります。一・五倍働くと、通常の場合の二年が、私の場合は三年分になります。ふつうの人が二〇年働いたとすると、私は三〇年分を働いたことになります。その差は大きいのです。

その後、「西武栄養料理学院」は、東京校として拝島や荻窪にも開校し、ますます規模を拡大していきました（現在はいずれも閉校）。「日本一の料理学校」をつくるため無我夢中で働いて、あっという間に一〇年が過ぎ、気がつくと私は四〇歳になっていました。

†料理学校のための〝全人教育〟

四〇歳になったのを機に、同じ国道16号線沿線のふじみ野市に新たな学校をつくることにしました。それが一九七五年にできた「西武調理師専門学校」（現在は「西武調理師アート専門学校」に併合）です。

多くの来賓が訪れた西武調理師専門学校の開設記念会（1975 年）.

実践的な教育が行われている西武調理師専門学校の授業風景.

「西武栄養料理学院」が、料理を栄養学や物理学の視点から科学的に解明することに力を置いていたのに比べて、「西武調理師専門学校」は即戦力として活躍できるよう、より実践的なカリキュラムが組まれました。

たとえば一流シェフに来てもらって特別授業を行ったり、ホテルやレストランでの校外実習を行い、現場のプロから学ぶ機会ももうけました。実際の現場を見ることで、挨拶や返事のしかた、調理師としての心構えなどを肌で感じることができたのは、学生たちにとって貴重な経験になったと思います。

私がこの学校で育てようとしていたのは、ただの調理師ではありません。「日本一の調理師」です。ですから調理技術だけでなく、人間教育にも力を入れました。たとえば、私が開校から現在まで学生たちに続けさせているのは、毎朝、全員で唱和する「オアシス運動」です。

「オアシス」とは「オ　おはようございます／ア　ありがとうございます／シ　失礼します／ス　すみません」の頭文字をつないで略した言葉です。今はこの「オアシス」に「ホウレンソウ」（報告、連絡、相談）も加わり、「オアシスにホウレンソウを育てよう」という標語になっています。

この言葉を毎朝、唱え、身体に染み込ませるのです。また挨拶だけでなく、学生ひとりひとりの髪形や服装にさえ、うるさく注意しました。

一見すると、個性や自由が重視される時代風潮とは、全く逆行しているとみえるでしょう。しかし、実際に仕事が進められていく現場を想像してみるとどうでしょうか。どのような場面でも、結局チームワークは欠かせません。そのために、自由と放恣《ほうし》とを区別することは大切だと思います。

とりわけ調理師に求められるのは、まず清潔さであり、同時に協調性に富み、素直でありつつ積極的な人間です。ひとつの仕事を完成させるには、個人の技術だけでなく、皆と協力して目標に向かう「和」の心が重要です。

挨拶と礼儀作法もまた、そのためにこそ求められていると言えるでしょう。毎朝、学校で「オアシス」を唱和した学生は、条件反射的に挨拶や返事ができるようになります。彼らは就職した職場でも評判がよく、先輩たちからかわいがられていたようです。

さらに、料理人にはおもてなしの心、すなわちホスピタリティも大切です。「人に喜んでもらうこと」、「人のために尽くすこと」を自分の喜びとする料理人になるために、奉仕活動や社会福祉活動も機会をとらえて積極的に実施しました。

たとえば近隣の養護施設を訪問し、餅つき大会を実演したり、秩父多摩甲斐国立公園の長瀞《ながとろ》に自然を取り戻すグリーンキャンペーンを実施しました。全校の学生で長瀞の岩畳《いわだたみ》でゴミや空き缶拾いを行ったこともあります。

　これらの奉仕活動はすでに一〇〇回以上を数え、それに対して学園には、埼玉県知事や長瀞町長など多くの方からの感謝状が届いています。

　卒業を間近に控えると、料理作品展が行われます。学生たちはグループに分かれて自分たちでメニューをつくり、作品として出展します。夜遅くまで学校に残り、試作をくり返す日々は、学生たちにとってまさに青春そのものだったでしょう。

グリーンキャンペーンに対する長瀞町長からの感謝状.

　こうした試みは広く評判を呼び、学生がさらに集まってくることになりました。新所沢とふじみ野の二校は、とうとう入学者数、就職先で埼玉県トップの規模を誇るまでに成長したのです。

†医学系専門学校を開校する

　調理学校の経営が軌道に乗り始めたころから、私の中には新しい人材育成のイメージがふくらみ始めていました。それは医療系の分野です。

料理と栄養を科学的に追求すると、必然的に医療につきあたります。病気の予防や治療は医師だけでできるものではありません。健康維持に役立つ食事で病気を未然に防ぎ、一日も早い回復を望む患者の願いに応えるためにも、看護師や栄養士、薬剤師、臨床検査技師、放射線技師などパラメディカル（医師を除いた医療従事者）の人材育成は急務だと思いました。

私の学校では早くから医療栄養教育を行っていたのですが、これは日本の調理師学校ではもっとも早い取り組みだったといわれています。その延長線上に、医学系専門学校の構想が浮かび上がってきたのです。

折しも、新所沢の近くに防衛医大病院が設立されることになりました。私は積極的に防衛医科大学校の先生たちと意見交換し、医学界の現状を調べました。来る日も来る日も夢中になって、「どんな人材が必要とされているか」、「どんな人が役に立つのか」を調べ続けたのです。

こんなにも夢中になったのには、おそらく若くして病気で亡くなった母のことがあったからかもしれません。もっと医療が充実していれば、母は助かったかもしれないという思いは、強まりこそすれ、消えることはありませんでした。その無念の思いが、医学系の学校をつくりたいという私のエネルギーに変わりました。

人に喜んでもらう究極の営みは、人の命を助けることに尽きます。そのための専門学校をつくりたいと、以前にもまして無我夢中で動き、調理師学校経営で貯えたお金を全部つぎこみました。こうしてできあがったのが、「臨床検査技師科」と、医学系の栄養士を育てる「栄養学科」の二つを擁する「医学技術専門学校」です。昭和五三年（一九七八）、私が四三歳のときでした。

その前年には、新所沢駅の一駅隣りの航空公園駅に、防衛医大病院が開院しました。そして「医学技術専門学校」は、防衛医大病院のすぐ近くに開校します。こうして多くの先生がたが、防衛医大から講師として教えにきてくれるようになりました。開校したばかりの学校だというのに、レベルの高い実践的な授業が行われ、見学にきた人たちがみな驚いたものです。

臨床検査技師の資格を得るには、専門学校などで三年間勉強した上に、さらに国家試験に合格しなければなりません。生半可な覚悟では資格は取れませんから、この面からも、私は人間教育にも力を入れました。

その結果、人間愛や使命感を持った「日本一の臨床検査技師」が育ちました。就職率は毎年一〇〇%です。近くにある防衛医大病院はもちろんのこと、有名大学病院、総合病院など医療界からは引っ張りだこになりました。

さらに平成七年（一九九五）と翌八年（一九九六）には二年連続して、臨床検査技師の国家試験の合格率一〇〇％を達成します。ただひとりの落伍者も出すことなく、学生全員が合格するというみごとな実績を示し、私がつくった学校の教育の質の高さを世に知らしめたのです。

なお「西武学園医学技術専門学校」は、各方面からの要請にもとづいて発展を遂げ、現在は「臨床検査技師科」「栄養士科」に加えて、義肢や装具をつくる「義肢装具学科」と、

卒業間近に行う，学生たちによる料理作品展．学生たちがグループに分かれて腕を競いあった．

脳卒中のあとの失語症のリハビリやことばの発達の遅れ、聴覚障害などに対応する「言語聴覚学科」が新たに設置されています。

†私が考える専門学校と高校との違い

言うまでもありませんが、文理佐藤学園の第一歩は専門学校からスタートしているので、私は専門学校の学生たちに強い愛着を持っています。

一校目の「西武栄養料理学院」の時代から考えると、専門学校で学ぶ学生たちの様子も変化しています。しかし今も昔も共通しているのは、困難があっても学び続けたいという彼らの強い思いです。

専門学校の学生にとって、学びは緊張感をともなうものです。なぜなら専門学校生には資格試験に合格するという明確な〝出口〟があるからです。そのため多くの専門学校の先生たちは「資格試験は難しい。しっかり勉強しなさい」とプレッシャーをかけます。

けれども私が言いたいのは正反対のことです。「試験なんて簡単だよ。同じ問題しか出ないのだから」と、声を大にして伝えています。実際にその通りで、試験に出るのは教科書に書いてあることだけです。毎年同じような問題が出るのは、あながち嘘ではありません。

生徒たちが萎縮《いしゅく》しないように、ときには励ます。そうやって安心させてやると、クラスの雰囲気が前向きになり、全体の学力が上がります。結果的に資格試験の合格率も上がる、というわけです。

高校の教育と専門学校の教育は根本的に違います。高校生が進学する大学は入学の定員が決まっているので、同じクラスの生徒も競争相手になります。しかし専門学校の学生が挑む資格試験に、合格定員はありません。みなで「同じ資格試験に合格しよう！」と、共通の目的を掲げて、励まし合える環境があります。

お互いがライバルになるのか、同志なのか。教える側は専門学校と高校の教育の違いをよく理解した上で、指導しなければなりません。互いに支え合いながら、ひとつの目的に向かって学びあえる——この純粋さが専門学校の教育の特徴であり、素晴らしい点だということです。

†理想的な土地が見つかった

医学系の専門学校を設立し、たしかな手応えをつかんだ私は、さらに大きな夢を抱くようになりました。それは短大設立です。医学系の短大をつくって、もっと専門的に医学界で活躍できる人材を育てたいと考えるようになりました。

そのためにはキャンパス用地が必要です。ゆくゆくはそのキャンパスに大学や高校もつくって一貫教育を行いたいと、夢はどんどん広がっていきました。そこで将来のことも考えて、小さな敷地ではなく、グラウンドや体育館、図書館も建てられる広い敷地をさがすことにしました。

しかも私が求めていたのは、たんに広いだけではありません。豊かな緑と自然に囲まれ、勉学に適した場所で、そこには美しい川が流れているというのが条件でした。

なぜ川にこだわったのかというと、ハーバード大学やケンブリッジ大学、マサチューセッツ工科大学など世界に名だたる有名な大学はみな、川のほとりの美しい自然環境の中に建っていたからです。環境が人をつくるというのは間違いありません。

川を渡るさわやかな風に吹かれながら、木々の間を散策し、思索にふける青春の日々――若き日のある時期、こうした落ち着いた環境で勉学に励んだ経験があればこそ、「日本一」の人材が育つのだと私は考えていました。

したがって、短大のキャンパスを建てる場所に関して妥協したくはありませんでした。

ただ、はたしてそんな理想的な土地があるでしょうか。最初はだれもが無理だと言いました。適当な土地で手を打たざるをえないのではないか、そう思った人もいたようです。

ところが「窮すれば通ず」です。そんな理想の土地が見つかったのです。武蔵の国の西部地域で、国道16号線沿いの狭山市に、です。そこは西武線の新狭山駅から西に二キロメートルほど行った入間川ぞいの河川敷の、一万二〇〇〇坪に及ぶ広大な土地でした。

青々とした狭山の大地と、背後に流れるゆったりとした入間川。河川敷ではありますが、上流にダムがあるので洪水の危険もありません。まさに学園を築くには、これ以上理想的な土地はありませんでした。私の頭の中には短大だけでなく、ゆくゆくは中学校や高校もと、夢が広がっていました。

その地に立ったときの感動は忘れることができません。どこまでも続く原野には背丈ほどの夏草が生い茂り、入間川をわたる風がそよそよと草をゆらしています。小鳥たちのさえずりが聞こえ、川のせせらぎが心地よい響きとなって耳に届きます。

私は妻の富美子とともに、言葉も失ってただ茫然《ぼうぜん》と立ち尽くしていました。目頭が熱くなり、涙でみるみる視界がかすんでくるのを感じました。ようやく理想の学園をつくることができる。この地から、世の中の役に立つ「日本一」の人材を羽ばたかせるのだ……。

川岸にはイタチや蛇がいて、キジも住んでいるという土地でしたが、私にとっては、はるか先の光り輝く未来を象徴しているようでもあったのです。まだその時は、土地の買収が、想像を絶する困難との戦いになろうとは思ってもみませんでした。

†このままでは学校が建てられない？

最初に立ちはだかったのは、法律で定められた土地の用途である「地目《ちもく》」（田、畑、山林など土地の区分表示のこと）が「農地」だったことです。「農地」だと、農業以外に使用することはできません。学校はおろか、一般の住宅でさえ建てられないというわけです。

何とか方法はないものだろうかと私は必死に考えました。困難に直面しても、簡単にはあきらめないのが私の性格です。無理は承知で、行政に直接かけあってみようと決断し、狭山市に直談判に行きました。

当時の狭山市長は東京農大の先輩である町田佐一さんでした。町田さんとは面識はありませんでしたが、ご子息を知っていたので、「町田市長の出身大学の同窓生です」と半ば強引に面会を申し込み、市長室で会ってもらえることになりました。

私は単刀直入に切り出しました。「入間川の河川敷に短大をつくりたいのです。ついては、農地となっている土地の用途を変更してもらえないでしょうか」。

さすがに町田市長は思案顔です。そこで、私はさらにたたみかけました。

「土地を転売してもうけようという魂胆ではありません。その証拠に、自分の全財産を投げ打って買った土地を、すべて学校に寄付しようと決めているのですから」。

町田市長は信じられないという表情でした。大学では授業を聞かずに寝てばかりいた「ねむたろう」が、入間川の河川敷の広大な土地を買って短大をつくり、その土地は学校にすべて寄付すると、大言壮語を吐いているのですから。

「言っては悪いが、おまえみたいなバカが本当にあの土地に学校をつくって、それを全部寄付することができるのか」。半信半疑の市長に対して、私は新所沢に初めてつくった調理師学校のことや、航空公園につくった医療専門学校のことなど、これまでの実績について話しました。

さらに、「日本一」の人材を育てるために、短大や中学、高校だけでなく、やがては大学も併設して、一貫教育を行う一大学園を狭山の地に築きたいと、これまでに考えてきた夢を思う存分、語りました。

気づけば三時間近く、私は熱弁をふるっていました。市長はじっと耳を傾け、私の思いを注意深く聞いてくれました。そして私の言葉が嘘いつわりのないものであり、理想の実現のためであることを理解してくれたのです。河川敷の土地は、学校を建てるという条件つきで、「農地」から「雑種地」に変更され、建物の建築が可能になりました。

その後も、いろいろ面倒な手続きが必要でしたが、町田市長の後押しもあり、入間川のほとり、狭山の地に短大建設の許可がおりたのです。

ここで付言しておかねばならないのは、町田市長のあとをついだ大野松茂市長にもご尽力いただいたことです。大野さんは人徳のある方で、周囲に推《お》されて県会議員になり、その後に狭山市長に選ばれ、さらには国会議員にも選出されました。そして第一次安倍内閣や福田内閣では、内閣官房副長官を務められた方です。

今もよき理解者として、西武学園文理小中高等学校後援会の会長や西武文理大学の特命教授をお引き受けいただき、長きにわたって文理佐藤学園を支えてくださっている恩人です。

†四五〇人の所有者を説得してくれた人

さて町田市長のおかげで、土地の用途である「地目」の問題はクリアできました。しかしさらに大きな難問が、行く手に立ちはだかっていました。当然のことですが、この広大な土地には、たくさんの地権者がいたのです。

登記簿によると、この土地の地権者は四五〇人にものぼります。最初の難問が解決したあとも、ひたすら地権者を回って、土地を譲ってくれるよう話し合う日々が続きました。

実は、この土地のすぐ近くまで、大手の不動産開発業者による宅地開発が行われていました。けれども私が買おうとしていた土地には、いっさい手がつけられていませんでした。あまりにも土地の権利関係が複雑すぎて、大手のディベロッパーもさじを投げたということのようでした。

その後も、ある大企業が川沿いの土地を購入しようと動きましたが、途中で計画が頓挫しています。やはり土地の複雑な権利関係を調べてみて、採算が取れないと考えたのでしょう。私は、その大手開発業者や大企業があきらめざるをえない状況にあった土地を手に入れようとしていたわけです。

私が頼りにしたのは、現地の農家の人たちから信頼を集めていた、大農家の細田義夫さんでした。代々、この地で農業を営んでいる家の当主である細田さんは、地域のまとめ役として信望を集めている人物でした。

私は毎日、細田さんの家に通いました。そして食事をともにしながら、自分の夢を語り続けたのです。最初は私の〝大風呂敷〟に半信半疑だった細田さんも、「ここに日本一の学園をつくりたい」という私の夢物語に共感してくれるようになりました。

やがて細田さんは、四五〇人の地権者をひとりひとり回って説得してくれました。よそ者の私が行けば、とりつく島もなく追い返されるような相手でも、古くからここに住み、地域の人から信頼されている細田さんが行けば、みな耳を傾けてくれます。細田さんの説得のおかげで、実印が押された委任状が次々に集まり始めました。

細田さんは不思議な人です。彼が腰に手拭いを下げた野良姿のまま一軒一軒回ると、なぜか皆が魔法にかけられたように、次々に印鑑証明と委任状を差し出してくれるのです。誠実な人柄にほだされたのだというほかありません。

とはいえ地権者は四五〇人もいます。数が多すぎました。すでにもう狭山に住んでいない人もいましたし、相続につぐ相続で、土地が細かく分筆されていたところもありました。なかには家一軒ほどの土地に、なんと所有者が一二五人もいたことさえあります。

結局、細かく調べていくと地権者はさらに増え、最終的に一二〇〇人にもなっていたのです。まったく気が遠くなるような数字です。日本を離れて遠くイタリアに住んでいる人もいました。遠方の人には司法書士を通じて連絡をとってもらったり、国内であれば、細田さんにお願いして行ってもらったこともあります。

大変だったのは、会いたくても会えない地権者がいたことです。いろいろな事情があって、交渉が難しい地権者もいました。そんなときも、細田さんに「どうする」と相談すると、「会わないことには話にならない。わしが行ってくる」と、どこにでも飛んで行ってくれました。

あきらめずに辛抱強く交渉し、直接、細田さんと会ってもらえるようになると、細田さんの人柄なのか、スムーズに話が進みます。「案ずるより産むが易しだ。思いのほか話がわかる人だった」と、ほっとした顔で細田さんが帰ってきたときなど、「よかった」と胸をなでおろすことが何度もありました。

結局、周辺の土地も含めて、学園建設に必要な土地を手に入れるのに三年の月日を要しました。もし細田さんが動いてくれなければ、今ある狭山キャンパスは存在していなかったに違いありません。

私は、細田さんには足を向けて寝られないくらいお世話になっています。そのご恩を一生忘れることはできません。いまでも、私は細田さんの家を週に一度くらいの間隔で訪問して、相談に乗ってもらったり、おしゃべりをしています。

旅行から戻れば、必ず細田さんにお土産をお届けします。珍しいものをいただいたときは、細田さんにおすそ分けするのも忘れません。人生は人のご縁で成り立っています。細田さんのような大恩人にめぐりあえた幸運を、すべての神さま、仏さま、ご先祖さまに感謝せずにはいられません。私は本当に運のいい男です。

第4章 狭山キャンパスに高校を

西武学園文理高校

†高校設置を優先する

狭山キャンパスの土地購入は少しずつ進展していましたが、肝心の短大設置の認可のほうは、遅々として進みませんでした。医療系の短大をつくるにはあまりに規制が厳しく、当時の文部省の認可がおりません。最終的には断念せざるをえませんでした。

やむをえず短大設置をあきらめ、代わりに高校をつくる方向で計画を立て直しました。ちょうど第二次ベビーブーム（昭和四六年〔一九七一〕から四九年〔一九七四〕までの出生数の急増をさす）の子どもたちが中学生になる頃で、進学する高校の数が不足すると見込まれていたからです。

私はこれまで、調理師や栄養士、臨床検査技師など社会に必要とされ、しかもすぐに働ける人材の育成に力を入れてきました。しかし実務に重きを置くとはいっても、人間教育の基本は大切に考えてきました。

そもそも「教育」という観点に立ち戻って考えると、専門学校より手前の年齢にあたる中学や高校の時代も無視できません。その段階から本質的な人間教育を行い、社会の役に立てる人間を育てていく必要は、念頭から消えたことはなかったのです。

そのための実現の順序として、対象を一五歳から一八歳という多感な年代にしぼり、ふさわしい教育環境を整えようと考えました。その場面で、将来の日本を背負って立つような人間の育成のための基礎を用意できるなら、それこそ祖父が言っていた「日本一の富士山」のような教育機関に、一歩近づくのではないかと思いました。

そう考えると、改めて勇気が湧《わ》いてきました。短大設置という当初の目的は果たせませんでしたが、私にはすでに、欧米のハーバードやケンブリッジにも匹敵する、素晴らしい狭山の土地があります。

ここにまずは高校をつくり、本格的な学校教育を実践して、ゆくゆくは小学校から大学まで一貫して教育を行う学園を築けばいいのです。そう思い直して、夢はさらに限りなくふくらんでいきました。

そこで、私はまず高校設置に全力をつくすことにしました。創立理念や教育方針、カリキュラムといったソフト面と、それを実現するために必要な設備や施設といったハード面の両方から、綿密な計画づくりを始めました。

私は毎日のように、狭山の土地を見に行きました。新所沢にある専門学校から長靴をはいて、狭山の土地まで夜の行進です。時間がある教職員にはできるだけ同行してもらいました。

原野には高々と上がる青い月が周囲を照らし、無数の星々が輝いているばかりです。天を見上げながら、「ここに日本一の学校をつくるのだ」と、来る日も来る日も夢中で夢を語りました。私につき合わされた教職員はさぞ迷惑だったことでしょう。

†「レディー&ジェントルマン」教育という建学の精神

高校をつくるにあたって、私がもっとも重視したのは建学の精神です。専門学校をつくったときも人間教育を土台に置きましたが、高校設置にあたっても、その精神に変わりはありません。ただ現わし方は違って当然です。

調理師や栄養士、医療従事者には、人を喜ばせるホスピタリティが大切です。では高校にとってのホスピタリティはなんでしょうか。行き着いたのが「レディー&ジェントルマン」(紳士と淑女)の教育です。

西洋の本物の紳士・淑女は誰かのため、何かのためにホスピタリティを追いもとめます。「ノブレス・オブリージュ」という言葉もあるように、彼らは小さいときからエリート教育を受け、社会に貢献できるリーダーとして役割を果たすことを求められます。

私がつくる高校も「日本一のレディー&ジェントルマン」の育成をめざそうと思いまし

西武学園文理高等学校の造成工事は荒地の開拓から始まった.

地域の期待を集めて開校した文理高等学校の落成式.

た。そして、そう目標を定めたら、目の前が明るくなりました。

文理佐藤学園の高校も、ハーバードやケンブリッジのようなトップエリートを輩出し、エリートの使命として社会に貢献することを責務と考える、レディー&ジェントルマンを育てるのです。トップエリートですから、そのための特別な英才教育も必要です。

そこで「普通科」と、理数系に特化した「理数科」という二学科を設置(のちに「英語科」が加わる)したのです。ともに大学への現役合格を目標に、一、二年次で主要科目の単位は履修し終わり、三年次は受験の準備に専念できるカリキュラムをつくりました。

なぜ「理数科」をつくったのかというと、資源がない日本には科学技術の振興が不可欠だと考えたからです。埼玉県では西武学園文理高校が県内初の、「理数科」の設置校となりました。

目標が明確になると、どんな施設が必要か、おおよそのイメージも浮かんできます。私はシックな赤レンガや茶色の壁を基調にしたハーバード大学やイギリスのパブリックスクールをお手本に、海外の美しくて落ち着いた学校の雰囲気を漂わせる校舎を建てることにしました。

実は日本でも、このイメージに似た学校があります。幼稚園から大学、大学院まで擁する玉川学園です。日本の学校の中で、私がつくりたいものにいちばん近いイメージは、この玉川学園です。教育の内容やめざすところは少し異なりますが、「どんな学園をつくりたいか」と問われたら、「玉川学園みたいな」と答えるでしょう。

私の親戚には玉川学園で学んだものもいて、昔からこの学校に親近感もありました。そこで高校をつくるにあたって、私は何度も頭を下げて、玉川の卒業生をスカウトしてきました。彼らの協力を得て、理想とする高校の姿が少しずつ形となってでき上がっていったのです。

†松下政経塾に影響を受ける

狭山の土地で高校の建設が始まろうとしていたまさにその頃、昭和五三年（一九七八）のことです。日経新聞の片隅に、松下電器産業（現・パナソニック）の創業者である松下幸之助さん（一八九四―一九八九）が、茅ヶ崎に松下政経塾を開塾するという記事が載りました。

私は以前から、幸之助さんを尊敬していました。幸之助さんの本はすべて読破し、講演も何度も聞きに行ったほどの大ファンです。

尊敬するあまり、幸之助さんのお墓まいりに行ったことさえあります。私が訪ねたとき、和歌山にあるお墓は生い茂る草に囲まれ、荒れはてた様子でした。私はただちに背広を脱いで草をむしり、お線香をあげてきました。日本を代表する経営者の一人である幸之助さんのお墓が、なぜこんなひどい状態に置かれたままだったのでしょうか。

とにかく、その幸之助さんが、日本のリーダーを育成する画期的な塾をつくったというのですから、〝信者〟のひとりとしてはいても立ってもいられません。すぐさま妻を誘い、その日のうちに茅ヶ崎の松下政経塾を見に行きました。

現地に行くと、政経塾の正面にはクスノキの並木が続く長いアプローチがありました。その奥にアーチ型の大きな門があり、くぐった先が政経塾の建物になります。アーチ門は威風堂々としたつくりで、この門をくぐるだけで、誇らしい気持ちになれそうでした。

あとで聞いた話ですが、このアーチ門のど真ん中を堂々と歩く人は、将来総理大臣になるのだそうです。第九五代総理大臣になった野田佳彦《よしひこ》氏は、アーチ門のど真ん中を五年間歩いて政経塾に通ったと聞きました。たしかに門のすみっこを歩くような卑屈な人間は、大した人物にはなれないでしょう。

憧れの幸之助さんの政経塾を目の当たりにして、私は感動してしまいました。幸之助さんは世のため人のために政経塾をつくり、未来を担うリーダーを育てようとしています。私も同じ時期に、日本の真のエリートをつくる高校を立ちあげようとしています。その偶

塔とクスノキが特徴的な松下政経塾の正面（写真提供：共同通信社）.

然に、わたしは胸がいっぱいになりました。

政経塾の建物をじかに見て感動した私は、西武文理高校も政経塾にならって、クスノキを植えることにしました。クスノキは何百年も生きて大樹になるといわれています。成長はゆっくりですが生命力が強く、根をしっかり張ります。松下政経塾と同じようにしたかったので、植木屋さんも同じところにお願いしました。

今、文理佐藤学園の狭山キャンパスには、政経塾と同じようにクスノキの並木道が続いています。正門わきには、わざわざ鹿児島の開聞岳《かいもんだけ》から二〇〇〇万円もかけて移植した、クスノキの大木がそびえています。そしてその周辺には、開聞岳の大木の近くの畑で育っていたクスノキの苗木《なえぎ》一五〇本ほどが植えられています。

この大木は樹齢から判断して、明治の元勲、西郷隆盛（一八二八―一八七七）の生きている姿を目撃していたはずです。田原坂（現・熊本市植木町）の決戦（明治一〇年〔一八七七〕、明治政府に対する旧武士階級の反乱として西南戦争が勃発し、熊本の田原坂が最大の激戦地となった）へ出かける、西郷さんの背中を見ていたであろう由緒ある大樹なのです。

もっとも松下政経塾は海が近いので、並木のクスノキはみな潮風に侵されて、細い幹にしか育っていません。一方、狭山の大地に植えた文理佐藤学園のクスノキは、肥沃な土壌ですくすくと育ち、見事な大木に育っています。

正門わきに植えた開聞岳のクスノキは、一〇年もたたないうちに、大人が両手でかかえられないほどの太い幹になりました。文理佐藤学園の高校の生徒たちも、このクスノキと同じように太くたくましく成長してほしい。クスノキには、秘かにそんな願いもこめているのです。

クスノキ以外にも、松下政経塾に見習《みなら》ったものがあります。建物に付随する尖塔です。松下政経塾には、外国の建物にあるような尖塔がありました。それが、遠くから見てもシンボルのようにそびえ立って見えたのです。

家に戻ると、妻がさっそく「高校の建物には尖塔をつくりましょう」と助言してきました。私も同じことを考えていたので、すぐに設計担当者に連絡して、塔屋《とうおく》がある建物にしてもらいました。尖塔は、上へ上へと天に昇ろうとする意志を現わしています。

きっと松下幸之助さんも同じ気持ちで、尖塔のある塔屋をつくったのだと私は信じています。

†彫刻家の加藤昭男氏のアーチ門

ところで、松下政経塾を見に行ったとき、何やらアーチ門のところで職人に指示を出している人物を見かけました。声をかけてみると、彫刻家の加藤昭男《あきお》（一九二七―二〇一五）という方でした。幸之助さんに頼まれて、アーチ門を制作したというのです。

幸之助さんが依頼した彫刻家ならすごい人に違いないと思い、厚かましくもその場で、「うちの学校にも作品をつくってください」とお願いしてしまいました。

「どこにつくるんですか」と問われ、「埼玉県の狭山です。いま高校をつくっていて、三年後に校舎が完成しますので、そのとき、ぜひお願いします」と申しあげたのです。

初対面の男にいきなり作品の依頼をされて、加藤さんも面食らったに違いありません。

しかしそれから三年後、約束通り私は「高校の校舎ができあがりましたので、ぜひ見に来てください」と電話をしました。

加藤さんは狭山キャンパスの環境をひと目見るなり、すぐに気に入ってくださったようです。のちに、ある映像会社のインタビューに答えて、こんなことを話しています。「素晴らしい先生に教わることも大事ですが、環境も重要です。美しい校舎、入間川、木々の緑。狭山キャンパスは、すーっと周りから入ってくるパワーがいちばんいいと思う」。

加藤さんはその後も、自然に恵まれた狭山の環境にふさわしい作品をいくつもつくってくれました。特筆すべき作品がたくさんありますが、なかでも私にとって印象深いのは「とのさまバッタ」というブロンズの彫刻です。

子どもが両腕を伸ばして、バッタをつかまえようとしている瞬間を描いたものです。必死でバッタを追う子どもの表情、伸ばした腕、逃げようとするバッタ——躍動感に満ちたこの作品は、強い生命力と、今にも動き出しそうな迫力に満ちています。

おそらく、バッタは夢や未来、そして希望を象徴しているのでしょう。この作品を見るたびに、私は芸術が人に与える勇気と力、総じて感動というものを、身をもって再認識させられるのです。

加藤さんには、実は私自身の胸像もつくっていただきました。そこには〝隠し富士〟が

迫力のある「とのさまバッタ」のブロンズ像（加藤昭男，1997 年）．

〝隠し富士〟を抱える私と妻の胸像（加藤昭男，撮影：T. Nagashima）．

彫り込まれています。「富士山のように日本一になれ」という祖父の言葉を形に残したくて、こんなところに富士山をつくってしまいました。学園本部の会議室にあるこの胸像は、私のささやかな誇りです。

†「あれが高校の校舎ですか？」

昭和五六年（一九八二）四月、いよいよ西武学園文理高等学校が開学します。私が四六歳のときです。校長は私です。新設校でしたので生徒が集まるかどうか心配でしたが、幸いなことに、なかば予想もしていた第二次ベビーブームの流れに乗り、定員を上回る生徒を集めることができました。

ところが、受験当日、関東地区は小雪まじりの悪天候に見舞《みま》われてしまいます。そのため妻もシャベルを手に先頭に立ち、早朝から職員が総出《そうで》で雪かきをして、受験会場までの道を整えました。教職員たちは誰ひとり、寒いのひと言も言わずに、一致協力して初めての入学試験に臨んでくれました。こうして、第一期生二六四名の生徒たちが入学してきたのです。

ところがその後、思いもしなかったことが起きてしまい、せっかくの晴れ舞台に水を差すことになってしまいました。肝心の校舎の建設が間に合わなかったのです。第一期生をピカピカの校舎で迎えるはずでしたが、竣工が秋にもつれこんでしまい、急遽《きゅうきょ》プレハブ校舎二棟を設置して対応することになりました。

新規に採用した教職員は、その校舎を見て言葉もない様子でした。高校の入学用のパンフレットを見ると美しい外国の建物のような校舎が並んでいるのですが、目の前にあるのは、作業小屋にしか見えないプレハブの建物なのです。私には、教職員たちの戸惑いと憤りの声が聞こえて来るようでした。

もちろん、新入生も同じ気持ちだったでしょう。まことに申しわけないことをしたと思っています。しかもこのプレハブが、ひじょうに暑いのです。春から初夏に季節が移ると、教室の中は灼熱《しゃくねつ》地獄と化し、室内は四〇度を超えることもありました。

さすがに「校長、なんとかしてもらえませんか」と、教職員たちからの切実な要望もやむことがありません。この緊急事態を解決するために、すぐに助けに駆けつけてくれたのが、まさにこの土地を取得する時にお世話になった細田義夫さんです。

細田さんは高校ができ上がるのを、我がことのように楽しみに見守ってくれていました。プレハブが暑いといううわさを聞きつけると、職員たちと一緒に校舎の周りの井戸掘りを手伝ってくれました。そして校舎の屋根に、ところどころ穴をあけたホースを張りめぐらせ、井戸水のシャワーを据え付けてくれたのです。そのおかげで教室の温度は下がり、サラサラと水の流れる音が絶えない、涼しげな校舎になりました。

その後も、何かあると、細田さんは誰よりも早く駆けつけてくれました。生徒たちの課外授業のために自分の畑を見学させてくれたり、小学生に田植えや稲刈り、それに芋掘りも体験させてくれました。まるで文理佐藤学園の〝お父さん〟のように、私たちを見守ってくれている細田さんには、心からの感謝の気持ちでいっぱいです。

ほかにも、私たちの学園を見守ってくれる地域の方々は、数えきれないほどです。文理佐藤学園は期せずして、たくさんの方々の温かい愛情と、期待と、応援に包まれてスタートしたのです。

†みんなをひとつにした「労作教育」

話を戻すと、校舎だけでなく他の施設も、整備や建設が遅れているものがありました。しかし未完成な学校だったがゆえに、「自分たちの学校は自分たちでつくる」という気概が育ったのも事実です。

西武学園文理高等学校には、額に汗して労働し、みんなで協力してひとつのものをつく

プレハブ校舎での学校行事のひとコマ.

りあげる「労作教育」の授業がありました。その頃は週一回、二時間の授業でした。「労作教育」の一環として取り組んだのが、教師と生徒が一緒になってグラウンドを整備する授業（作業？）です。

プレハブ校舎の時代はまだグラウンドも整備されておらず、クラブ活動ができませんでした。生徒たちからの要望もあり、教職員と生徒が総出で、グラウンドづくりを始めることになったのです。

そもそもグラウンドができるはずの場所は、石ころと雑草に加えて、水たまりが広がる河川敷でした。そこで、まず男子生徒が中心になって、つるはしとシャベルで石を掘り出し、それを手押し車に乗せ、川まで運んで捨てるという作業をくり返すことになりました。

もとは河原だった場所ですから、掘っても掘っても石が出ます。かなりの重労働ですが、生徒たちは根気よく、日が暮れて真っ暗になるまで石運びに励みました。いっぽうで、力仕事ができない女子生徒はというと、近くの秩父地方の伝統料理にならって、大鍋にありったけの材料を放り込んだ煮込み鍋をつくってくれました。

「ももんが鍋」と名付けられたこの大鍋料理は大好評でした。なぜ「ももんが」というのかというと、何杯もおかわりをして「もうもうかんべえが」が、「ももんが鍋」の名前の謂われだそうです。思わぬことに、今でも「ももんが鍋」は、文理佐藤学園の行事のときに登場する名物料理となっています。

ところで、この「労作教育」ですが、もちろん初めはいやがる生徒もいました。学校には勉強のためにきたはずなのに、つるはしとシャベルを持って作業をさせられるのです。「なぜ、こんなことを」、と疑問を感じたのも無理はありません。

しかし、教員や職員たちが先頭に立って生徒たちを引っ張った結果、見事な絆が生まれました。まさに「師弟同行」の精神が実ったのです。イギリスのチャールズ皇太子（現・チャールズ三世国王）も、自分が通う全寮制の高校の門を、レンガを積んでつくったと言われています。「労作教育」は、人間性を育てる教育でもあるのです。

与えられた環境を受け身で享受するのではなく、自分たちの手で能動的に環境をつくっていく。いわば真っ白なキャンバスに自分たちの色を塗っていく作業は、お互いの一体感とともに、愛校心を育てるのにも役立ったと思います。

一〇年間続いた「労作教育」を通してつちかわれた結束力は、他の高校にはない底力となって、できたばかりの高校を大きく成長させたのです。

自分たちの手でグラウンドをつくる作業そのものは、三年ほど続きました。その間、いろいろ不満を持った生徒もいたでしょう。けれども、「労作教育」を経験した一期から三期までの卒業生は、「あの体験は本当によかった」と懐かしそうに思い出を語ってくれます。

†暴走族もやって来た

グラウンドづくりという一大プロジェクトを通して、とくに一期生の結束力はかつてないほど高まりました。その結果、グレていた生徒が更生するという思わぬ効果ももたらしてくれました。

新設高校の宿命といってもいいかもしれませんが、いくら高い目標を掲げたところで、最初から学ぶことに熱心な生徒が入ってくるわけではありません。西武学園文理高等学校も、今でこそ偏差値七〇の難関校という評価を得ていますが、一期生が入学したころは、公立高校に進めなかった生徒がたくさん入学してきました。

そういう生徒の中には、手がつけられない不良や暴走族のメンバーもいました。しかしそんな生徒でも、「労作教育」を通して困難を共有しあい、助け合う心を学ぶことになります。ひとつのものを、みんなでつくりあげることによって自然に芽生《めば》える友情に心を動かされ、前向きな人間に変わっていった生徒も、少なからず出てきました。

もちろん新たな生活への順応の過程が、直線的に進むわけではありません。不良や暴走族の中には、メンバーを簡単にはやめさせないところもあります。そのたびに、教員たちが身体を張って生徒を守り抜き、悪い仲間から抜け出させました。

なかでも記憶に残るのは、学校が暴走族の集団に囲まれてしまった日のことです。まだプレハブ校舎にいたある日、授業をしていると、耳をつんざくようなバイクの轟音とパトカーのサイレンの音がしだいに大きくなってきます。

思わず窓を開けると、暴走族の集団が土けむりをあげて、プレハブ校舎に近づいてくるではありませんか。その後ろには、サイレンを鳴らしながらパトカーと白バイがついてきています。まるでドラマのワンシーンを見ているようでした。

バイクの一群は、かつて暴走族に所属し、今はグループを抜けているA君という生徒を連れ戻しに来たのです。教員たちと一緒に、校長の私も外に飛び出しました。A君を彼らに引き渡すわけにはいきません。

こう見えても、その当時は、私はけんかにはちょっとした自信がありました。いかつい顔をしていますし、料理人をしていたので、万一、相手が刃物を出してきても、包丁の扱いには慣れています。暴走族の三人や四人ぐらいなら、かかって来いという勢いで、彼らの前に立ちはだかりました。

「私は文理高校の校長だ！　文句があるやつはここに出てこい！　私が相手しようじゃないか！」というわけです。彼らは私たちの剣幕におされて、それ以上は学校に近づこうとはしませんでした。

これに似たことが何度かありましたが、そのたびに教職員が全力で生徒を守ったので、やがて暴走族や不良グループも学校に寄りつかなくなりました。教職員の愛情と勇気が生徒たちを救ったのです。

そういう次第で、文理高校に入学した一期生の中には、落ちこぼれだった状態から心を入れ換え、新たな道に挑《いど》んだ生徒もいます。彼はその後、立派な経営者になり、社会に役立つ事業の中心になって励んでいるようです。

またアメリカに留学して、世界をまたにかけて活躍するスポーツ・トレーナーとなって、メディアにも登場している者もいます。文理高校に入学していなければ、彼らのその後の人生は大きく変わっていたでしょう。あらためて、教育の可能性を感じないわけにいきません。

子どもの未来を信じ、教える側がひたすら心を寄せ合って知恵を集める——そうすれば、周囲が予想もしなかったほどみごとに成長することもあるのです。

†他校の生徒と向き合う

創立したばかりのこの高校は、あらゆるものがまだ未熟で未完成でしたが、熱気と情熱にあふれていました。プレハブの校舎には、教師と生徒たちの初々しいエネルギーが満ちていたのを感じます。

やはり草創期の出来事ですが、こんなこともありました。ある日、一期生の普通科を担当するE先生から、興味深い報告を受けました。クラスに見知らぬ生徒が一人、もぐり込んでいたというのです。たずねてみると、ほかの高校の生徒でした。友人が文理高校に入学し、楽しそうだったので遊びにきたと言います。

「ここは学校だよ。遊びにくるところじゃないんだから」と、E先生は職員室に呼んでやんわりとさとしました。話をしながらさらに詳しく事情を聞いてみると、意外なことに、彼は他の有名な進学校の生徒でした。医師である父親の勧めでその高校に入学したものの、期待していたような友人や先生との交流がなく、うまくなじめないので、もうその高校へは行きたくないとも話しました。

その上で、文理高校で友だちと一緒に授業を受けたいと言ったそうです。E先生は無理に追い出すことはせず、「勉強する気が出てきたら、自分の高校に戻りなさい」と話したとのことでした。

彼はその後も数回、文理高校に来てE先生と話をしていたとのことでした。彼はその際、「僕の学校では、自分の気持ちを理解してくれる人が一人もいません。ここには一緒に悩みを聞いてくれる友人や先生がいます」と言っていたそうです。

他校の生徒であるにもかかわらず、E先生は真摯《しんし》に彼と向き合いました。やがて生徒は心が落ち着き、自分の高校に戻っていきましたが、この話には思わぬ後日談があります。その三年後、E先生は事務所の受け付けで、偶然彼と再会します。なんと彼は自分の弟のために、文理高校の願書を取りにきていたのです。

初期の頃の文理高校は、たしかにまだ偏差値は低く、知名度もなかったのは事実です。しかし、たとえ他校の生徒であっても、ひとりひとりの生徒と正面から向き合い、生徒に寄り添いながら適切な場所を探すという、ホスピタリティ教育をすでに実践していたといえるでしょう。

　世のため人のために役立つトップエリートを育てる——理想は高く掲げましたが、現実には暴《あば》れん坊《ぼう》や成績不振の生徒も多いという未完成の高校でした。この「落ちこぼれ」たちをどうするか、学校としては大きな問題です。高校の中には、成績の悪い生徒を追い出すことによって学力レベルを保つ学校もありますが、私はそのやり方には反対でした。

　優秀な生徒だけを選別するのは、本当の教育ではありません。勉強ができる生徒もできない生徒も区別することなく、要はその生徒の可能性を最大限に引き出すのが教育の役目です。それにテストの結果が能力の一部分の反映でしかないのは、もはや自明のことではないでしょうか。

　そもそも、まがりなりにも文理高校を選び、入学してきた生徒たちです。いったん彼らを引き受けたからには、社会に出て自らの能力を存分に発揮し、自己実現できるように責任を持って教育するのが私たちの使命です。

　教員たち、とくに新規に採用された経験の浅い教員は、校則を守らない生徒や反抗的な生徒に頭を悩ませていました。「服装は乱れているし、髪の毛は染めているし、授業もちゃんと受けません。校長先生、どうしたらいいですか」というのです。

　けれども私に言わせれば、彼らをきちんとした人間にするのは、それほど難しいことで

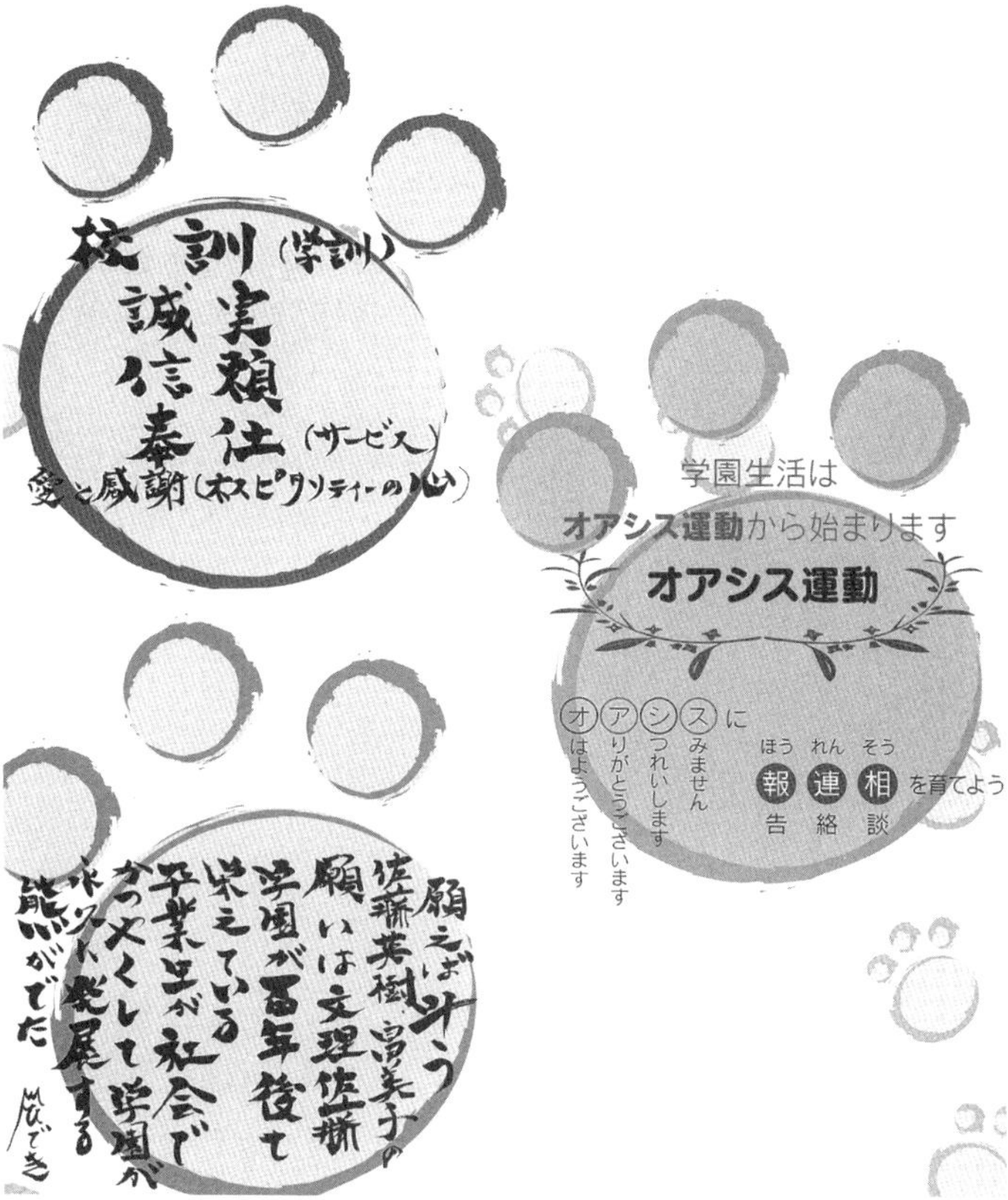
校訓(学訓)
誠実
信頼
奉仕(サービス)
愛と感謝(ホスピタリティーの心)
学園生活は
オアシス運動から始まります
オアシス運動
オアシスに
おはようございます
ありがとうございます
しつれいします
すみません
報告《ほう》
連絡《れん》
相談《そう》
を育てよう
願えば叶う
佐藤英樹 富美子の
願いは文理佐藤
学園が百年後に
栄えている
卒業生が社会で
かつやくして学園が
発展する
ひでき

学園の理念と方針，行動原則をチャートにまとめたもの.

はありません。私は専門学校を設立したときから、ずっと人間教育を続けてきました。最初は態度が悪い生徒も、卒業する頃には礼儀正しい調理師や医療従事者になって、社会に巣立っていきました。高校でも同じことができるはずです。

†毎朝、校門に立ち続けた

私が実行したのは、毎朝、事務長と一緒に校門に立ち続けることでした。だれよりも早く学校へ行き、通学してくる高校生たちを待ちます。時間が許せば下校時にも立ちました。登校時に乱れた服装や髪型の生徒がいたら、相手の目を見て手を強く握りしめ、こう言うのです。「今日は昨日より、きちんとしたかっこうをしてきたな。今日もしっかり授業を受けろよ」。そして下校時には、「明日も遅れずに来るんだよ。髪を切ってこいよ。復習を忘れずにな」。

私に髪型や服装を注意されて、翌日直してくるのは、人を受け入れる準備ができている素直な生徒です。それは学業全体にも反映されていきます。すぐに聞き入れてくれない場合でも、毎日強く手を握りしめ、声をかけ続けていると、そのうち心が通じます。子どもの心は、大人が思う以上に素直で柔《やわ》らかです。

私が校門で声をかけたのは、素行の定まらない生徒だけではありません。ガリ勉タイプの生徒にも積極的に声をかけました。「昨日のテレビは何を見た？　勉強ばかりしていたらつまらないよ。彼女はできたか。身体を動かさないとだめだよ」という具合です。

彼らに対しては肩の力を抜いて高校生活を楽しむよう、声がけを続けたのです。校長みずから生徒ひとりひとりに声をかけることで、学校の雰囲気は大きく変わりました。だれかが自分のことを見てくれている——それが子どもの心を支え、彼らに自信をあたえて、ひいては周囲への信頼感を培うことになるのです。

雨の日も晴れの日も、そして真夏の猛暑日も冬の氷点下の日も、私の〝校門立ち〟は続きました。卒業生に聞くと、多くが「毎朝、校長先生が竹ぼうきを持って校門に立ち、掃除をしながら、大きな声で一人一人に声をかけていたのを覚えています」と言います。それくらい私の〝校門立ち〟は有名になりました。

毎日、握手と声がけで全生徒を校内に招き入れ、「あなたたちの居場所はここです」、「あなたたちは期待されています」とくり返しメッセージを伝えていたら、卒業するころには、服装や髪型が乱れた生徒はいなくなりました。

うそのような話ですが、本当のことです。近隣の高校と比べても、マナー教育がしっかりした私立高校であるとの評判が定着し、勉学の面でも、創立時からこだわった「理数科」が牽引役となって難関大学や医学部への合格者が相次ぎました。

そして開設からわずか七、八年で、偏差値四五の底辺校から偏差値七〇の進学校へとランクアップしました。九期生からは、念願の東大への合格者も出しています。言うまでもなく東大合格だけがすべてではありませんが、ゼロから高校をスタートさせた私や教職員にとっては、苦労が報われた象徴的な出来事となりました。

埼玉県下には私立高校が四八校あります。開校した順番でいくと、文理高校は後ろから数えて数番目という後発組です。それがたった一〇年でトップクラスの学校になったのですから、奇跡と言ってもいいでしょう。

その理由として、何か特別なことをしたという思いはありません。ただ落ちこぼれの生徒でも見捨てず、公平に愛情を注ぐように努めたという、実にシンプルな努力を続けたことだったと考えています。

建学の精神に掲げた「レディー&ジェントルマン」に象徴される人間教育と、高い学力を持つトップエリート教育という育成方針は、たんなるお題目ではなく、実際に実現されていることを世間にも証明し得たと考えています。

第5章

小学校から大学までの学園へ

西武学園文理小学校

†タイへの修学旅行で起きたこと

高校設置一〇年という短い期間で、西武学園文理高校を県内でトップクラスのレベルに押し上げることになった要因は、まず私が協力に推し進めた国際化教育に求められると思います。カリキュラムに即して説明するなら、国際社会で活躍できる高度な語学力の育成をめざした「英語科」を、開校して三年目に設置したことだったと考えています。

その「英語科」を設置する伏線として、開校二年目の昭和五七年（一九八二）に、高校二年生の二五〇人をひきつれて、タイに行った修学旅行があげられます。

私は責任者としてこの修学旅行に同行したのですが、その経験から、成長期に異文化にふれる体験が、生徒たちに想像以上に大きな影響を与えることがわかりました。これによって、全国でも珍しい「英語科」の設置に踏み切ることができました。

ところで、初めての修学旅行がなぜタイだったのかというと、日本と同じ仏教国だったことや、そのため先祖を敬う心が強く、社会の中での自分の役割を大切にする精神性に、共通するところがあったからです。

また、モノに恵まれた日本と異なり、タイはまだ発展途上の国でした。そうした国力の現状を、実際に自分の目で見ることを通して、国際社会における日本の役割を生徒たちに考えてほしいという気持ちもありました。

私たちは国賓《こくひん》扱いにしてもらい、すべての移動の際には警察のバイクとパトカーがつきました。けれども生徒たちには、「タイのホテルは安全ではない。自分の身は自分で守るんだ。カメラや現金が盗まれたら、寄付したと思え」と、やや誇張して注意しました。

生徒たちは緊張しながら、修学旅行を続けました。彼らには、異文化を身をもって体験する貴重な機会となったことでしょう。私たち教員にとっても同様です。初めての修学旅行は、いろいろな意味でたいへんな作業が伴いましたが、得がたい経験になりました。たとえば、現地のホテルやレストランの衛生チェックは、何重にも気を付けたつもりでした。しかしそれでも、生徒三人が赤痢にかかってしまうという、不測の事態も起きてしまいました。

五回目のタイ修学旅行のときには、タイ国内に不穏な空気が漂っていました。帰国するため国際空港に行くと、そこにはライフル銃をかまえた多くの兵隊が待機しています。生徒に何かあったらと、さすがに背筋が寒くなる思いがしました。

実際、私たちが帰国して一週間後、タイではクーデターが勃発したのです。私たちはすんでのところで、巻き込まれるところでした。

†「めざせ！　地球村の村長さん」

このように、海外への修学旅行に想定外の出来事は避けられませんが、私はいつも、「めざせ！　地球村の村長さん」と生徒たちを励ましています。地球にはたくさんの国々があります。そこで暮らしているのは、私たちと同じ星に住む「地球人」です。さらに地球をひとつの村と考えると、リーダーは村長ということになります。

「世界のトップエリート」というと臆してしまう生徒も、「地球村の村長さん」なら親しみやすく、手が届きそうな気がしてくるのではないでしょうか。狭山の大地から、地球村を引っ張る村長さんが誕生する、私はそう考えただけで、ワクワクしてくるのです。

タイへの修学旅行は五年間続きましたが、当時、まだ貧しかったタイの人々の生活を援助しようと、生徒に呼びかけたことがありました。

具体的には、各々の生徒が、自分や家族が使わなくなって、しまい込んだままになっている衣服を、旅行カバンの中に詰めて行きました。現地に到着してそれを集めると、大きな部屋が天井まで一杯になるほどの量でした。このチャリティ活動は地元の新聞に大きく取り上げられました。

学園創立 25 周年目の台湾研修旅行．グローバル化に対応する海外研修は，さまざまな形で続いている．

その後は地元高校生との交流を目的に、行き先をハワイへ変更しました。ワイキキビーチを清掃をしている様子をアメリカ全土向けのテレビ局で報道されたり、お年寄りの施設を訪問するボランティア活動を行い、ホノルル市長から感謝状を贈られたこともあります。

その後も、オーストラリアに行ったり、民主主義社会のシンボルともいえるアメリカのワシントンを訪問したりしています。なかでもオーストラリアへの修学旅行では、シドニーから西へ三〇〇キロメートルのところにあるカウラという田舎《いなか》町に行ったこともあります。

なぜそこを訪問したのかというと、第二次世界大戦の末期、昭和一九年（一九四四）八月にカウラ事件と称される悲劇が起きたことを耳にしたからです。カウラの捕虜収容所で日本兵による脱走計画が実行され、その結果、二〇〇人を超える日本兵と数名のオーストラリア人が生命を落としたのでした。

事件のことは、当時はそれほど広く知られていなかったと思いますが、私たちは死者を弔《とむら》うために、日本から桜の苗木を持参して、地元の人たちが守ってくれている墓に植樹しました。その翌年には、カウラの町長や高校生を西武文理高校に招いて交流もしました。状況に合わせて柔軟に行き先を変えてきましたが、そんなことができるのも、私学だからこそのメリットです。

現在の取り組みは、高校二年の理数科・普通科はオーストラリアとニュージーランドでのホームステイ研修、英語科ではオーストラリアの提携校での語学研修の実施と、いっそう充実した内容になっています。アメリカのオハイオ州の姉妹校で行われている高校一年の夏のホームステイは、すでに二一回を数え、延べ一四〇〇名余りの生徒が参加しています。

海外研修は、高校だけではありません。小学校では、五、六年生を対象にしたものが計画されていますし、中学校では三年生のイタリア研修旅行が実施されています。

†アート・ミュージアムの中に点在する学校群

松下政経塾のアーチ門をつくった加藤昭男さんに彫刻作品をお願いした話は前述しましたが（一〇五頁参照）、このあとも、日本を代表する作家たちの彫刻や海外のアーティストの作品、中国の古美術品などを多数購入し、狭山キャンパスの敷地内に展示しました。こうして、作品は年を追うごとに増えていきました。

たとえば、正門を抜けて高校の校舎に行く途中には、掛井五郎《かけいごろう》（一九三〇―二〇二一）のブロンズ像「インドから歩いてきた天使」が私たちを出迎えるように立っています。

高校校舎の前では、柳原義達《やなぎはらよしたつ》（一九一〇―二〇〇四）のブロンズ像「風の中の鴉《からす》」が風雨に耐えつつ生きる姿を示し、中学校舎の入口では城田孝一郎《しろたこういちろう》（一九二八年生れ）のブロンズ像「蝶《ちょう》幻想」が、喜びも悲しみも経験してきた母なる女性の愛を表わしています。

また、狭山キャンパスのはずれにある広大なグラウンドには、土谷武《つちたにたけし》（一九二六―二〇〇四）のオブジェ「遠くがみえる」が、青空を背景に赤と黄色の不思議なコントラストを描いています。それぞれ日本を代表する彫刻家の作品ばかりです。

それだけでなく、ほかにもローマの「真実の口」や、ルーブル美術館の「ミロのヴィーナス」のレプリカなど、多くの世界的に有名な作品が校舎や校庭に並べられています。

ここで特筆しておきたいのは、私が個人的に関心を持っているアントニ・ガウディ（一八五二―一九二六）のことです。彼は地中海に面したスペイン北東部のカタルーニャ出身の建築家で、バルセロナに残る作品群はユネスコの世界遺産に登録されています。そして一八八二年に始まったサグラダ・ファミリア（聖家族贖罪《しょくざい》教会）の建設は、今も工事が続いていることでも有名です。

学園は、そのガウディ工房が作成した、スペイン政府公認のレプリカ作品を多数所有しており、それは世界でも有数のガウディ・コレクションといわれています。

どうしてこのコレクションを私が手に入れたのかというと、話は平成四年（一九九二）のバルセロナ・オリンピックにまでさかのぼります。当時、スペイン政府はバルセロナ・オリンピックの前興行として、「ＥＸＰＯ　ＧＡＵＤＩ」を世界各国で催しました。私はたまたまその展覧会を見に行き、強い感銘を受けたのです。

そのとき、関係者に話を聞いてみると、日本が巡回展覧会の最後の国になっていて、そのあとコレクションはスペインに戻すということでした。そこで、私が交渉して購入させてもらったわけです。このコレクションの一部は、令和四年（二〇二二）三月に、在日スペイン大使館でガウディ展が催された折りに、〝本家〟に貸し出したこともあります。

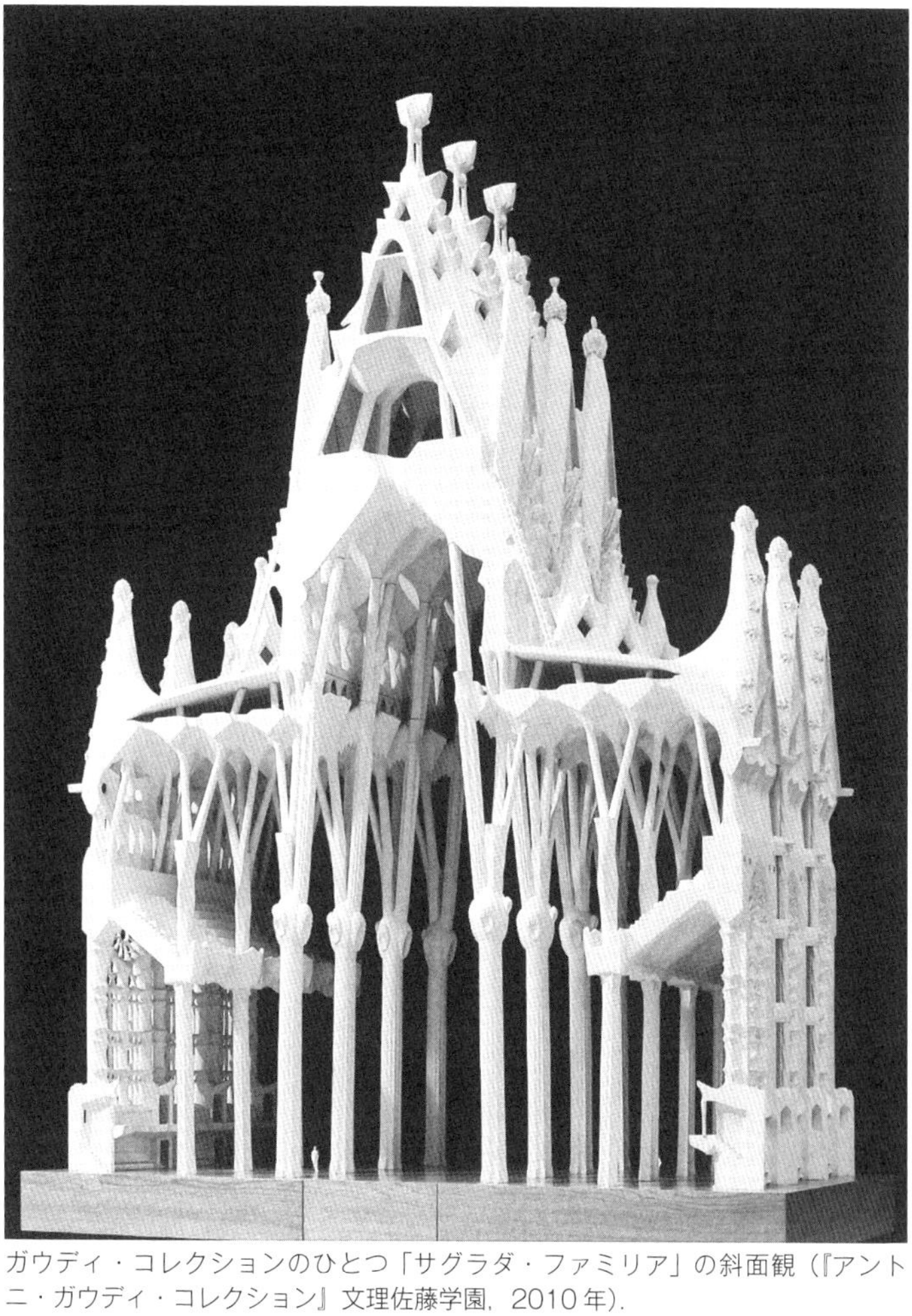

ガウディ・コレクションのひとつ「サグラダ・ファミリア」の斜面観（『アントニ・ガウディ・コレクション』文理佐藤学園，2010 年）．

少なくともガウディについては、わざわざスペインにまで行かなくても、文理佐藤学園で多くの作品を見ることができるのです。私としては、いささか誇らしく思っています。

なお、これらの美術品に関しても、私個人が所有しているものはひとつもありません。すべてを学園に寄贈しています。なぜなら芸術作品は、個人が自らの満足のために所蔵していても意味がないと考えているからです。

本来、作品は多くの人に公開されることによってこそ、真に完成したと言えるのではないでしょうか。見られることを通して、新たな「生命」を得られるはずだと思っています。

私は、文理佐藤学園に学ぶ若者たちに本物の芸術品にふれてほしい、本物の作品をよく観て、一流の作品にそなわっている感触を体感してもらいたいという一心から、すべてを寄贈することにしました。子どもの頃から審美眼を養っておけば、大人になった時、その体験は必ずどこかで生きてくるはずだと信じています。

私には夢があります。いつか文理佐藤学園の狭山キャンパス全体をミュージアムとして登録して、アート・ミュージアムの中に点在する学校群にしたいのです。そうすることによって、この地で学んだ「レディー&ジェントルマン」が、やがて世界に羽ばたいていくための大きな礎となるに違いありません。

†コンピュータ社会がやって来る

高校を開設してから七年後の昭和六三年（一九八八）、文理佐藤学園はついに短大設立の悲願を達成します。私が五三歳のこの年、狭山キャンパスの地に文理情報短期大学が開校されたのです。一期生一九一名の入学式を、私はことのほか感慨深く迎えました。

私が短大設置の志をたてたのは、すでにふれたように昭和五四年（一九七九）のことでした。それから九年越しの計画が実ったわけです。一度は断念した短大構想ですが、私は文理佐藤学園に高等教育機関をつくる夢をあきらめてはいませんでした。

初めは医学系の短大をめざしていたのですが、規制のハードルが高すぎて断念せざるをえませんでした。その後、機会をうかがっていたところ、近くの防衛医科大学校病院で高額の電算機を導入したといううわさを聞きました。そのとき、これからはコンピュータの時代になると直感し、短大開設に動き始めたわけです。

さっそく防衛医大病院からノウハウを教えてもらい、専門学校でコンピュータを使って生徒の成績管理を試してみました。その結果、これからは、コンピュータをうまく使いこなせる企業や学校だけが生き残ることになるだろうと思いました。そして情報処理の技術者を育成する学校をつくれば、それは大学の個性になることを確信したのです。

調べてみると、当時は情報処理技術者が八〇万人不足するといわれていました。それを補う教育機関として、文理情報短期大学の申請を国に行い、無事、文部省（現・文部科学省）の認可を受けることができたのです。学科は「経営情報学科」のみでした。

その頃は、「情報」と名がつく学科を設置している新設校が一〇校以上ありました。しかし文理情報短大のように、経営学と情報学を統合した学科があるのは産業能率大学だけだったと思います。したがって当短大は日本で二番目に、経営と情報を統合した、画期的な学問を教える最先端の短大だったのです。

このように、つねに時代の半歩先を読み、革新的な提案を実行に移せるという点が、私のひそかに自負しているところです。

料理をサイエンスの切り口から追求する専門学校の開設から始まって、パラメディカルの要請に応える医学技術専門学校、国際的なトップエリートを育てる高校、情報化社会に対応する短大など、つねに社会と時代のニーズに応える教育機関をつくってきました。

その後、短大は西武文理大学の創設にともなって役割を終え、平成一二年（二〇〇〇）に大学の中の「サービス経営学部」へと発展的に統合されることになりました。

短大としての運営は終わりましたが、知識より技術を優先して、徹底的に実学にこだわったカリキュラムは即戦力となる人材を生み、ささやかながら社会のIT化に貢献することができました。一一年間の短大開設中に卒業した学生たちは、今でも社会の各方面で活躍しています。

†中学開校で中高一貫教育をめざす

一方、難関大学に次々と合格者を出す西武学園文理高等学校は、進学校としての地位を確固たるものにしました。「理数科」「英語科」「普通科」に加えて、特別のカリキュラムで学習を行う「エリート選抜東大クラス」も設置しました。このクラスからは、東大はもとより国公立の医学部などへの進学者も増え、当学園は押しも押されもせぬ進学校になりました。

そこで私は、さらに中高一貫の教育体制を整えて、より効果のある教育を実践したいと、昭和六三年(一九八八)頃から中学校設置を真剣に考えるようになりました。まずは私と妻とで国内の中学校を視察し、検討を始めました。

昭和六四年(一九八九)と平成二年(一九九〇)には、連続してイギリスの学校を視察もしました。イギリス流のエリート教育をベースにした中学校の開設について、具体的な教育内容を考えるようになったのです。

こうして、さまざまな観点から中学校について考えたすえに、平成五年（一九九三）、私が五八歳のとき、満を持して西武学園文理中学校を創設しました。イギリスのパブリック・スクールの教育を理想とするこの中学校は、イートン校やハロー校がオックスフォード大学やケンブリッジ大学への進学校としても知られているのと同様に、難関大学に現役で合格することを大きな目標にすえました。

第一期生として、男子七四名、女子四七名の計一二一名を迎えることになりました。この日は文理佐藤学園にとって、中高一貫教育のスタートという新たな歴史を刻むことになったのです。

文理中学校では、学習の進行に遅れがちな生徒を出さないよう、習熟度別のクラスで基礎学力を徹底してきたえました。そして三年生になると、高校の学習内容を先取りして学ぶなど、中高一貫校ならではの効率的な学習を追求しました。

いっぽうで、人間性を高めるために多彩な課外授業を設けました。一流の芸術にふれるために本物の舞台演劇を見たり、三年間で一〇〇冊の本を読んで教養を深める努力も行っています。進学校ということで連想されるたんなる知識の詰め込みではない、人間性の涵《かん》養《よう》にも重きを置いた教育が、西武学園文理中学校の特徴となっているのです。

†ローマ教皇に謁見した!!

さらに視野を世界へ広げるため、平成七年（一九九五）から、中学生の修学旅行としてイタリア研修を実施することになります。せっかく世界に飛び出すのなら、ただの物見遊山《ものみゆさん》で終わらせたくありません。世界の一流の人に会い、柔らかな子どもの心に強い動機付けを与えたい。そう考えた私は、ローマ教皇に謁見することを思いつきました。

初めは日本政府やイタリア政府に打診してみましたが、取りつく島もなく、まったく相手にされませんでした。もとよりローマ教皇に謁見することは簡単ではなく、一国の首相や大統領でも難しいことは伝え聞いていました。

しかしそんなことで諦める私ではありません。政府がだめなら直接お願いしてみようと、ローマ教皇あてに手紙を書きました。内容は次のようなものです。

「日本では今から四〇〇年以上前、天正遣欧少年使節団《てんしょうけんおう》として四名の少年が貴国に派遣され、キリスト教について学んでまいりました。そして今、日本の一五歳の少年少女の代表が貴殿《きでん》に拝謁《はいえつ》を願っております。このたび二五〇人の生徒を貴国に送り出しますので、キリスト教についてお教え下さい。貴殿にお会いできることを切にお願い申し上げます」。

あわせて、生徒たち一人一人が各自の思いを記した手紙も添えました。天正遣欧使節とは、天正一〇年（一五八二）、九州のキリシタン大名だった大友義鎮《おおともよししげ》（一五三〇―一五八七）、大村純忠《おおむらすみただ》（一五三三―一五八七）、有馬晴信《ありまはるのぶ》（一五六七―一六一二）が、ローマ教皇のもとに派遣した少年使節のことです。使節は、いずれも一四、五歳の四人の少年たちでした。

しばらくして、驚いたことに承諾の返事がローマ教皇庁から届いたのです。あきらめなければ必ず道は開けるという松下幸之助の言葉を、改めて思い出しました。その後、謁見に向けて入念に手続きを進めました。

そしてある日、私は千代田区三番町にある、駐日ローマ法王庁大使館を訪ねることになりました。駐日教皇大使と話をすることになったのですが、その場には、天正遣欧少年使節団より後の慶長一七年（一六一二）に、仙台藩主伊達政宗《だてまさむね》（一五六七―一六三六）が家臣支倉常長《はせくらつねなが》（一五七一―一六二二）らをローマに派遣したときの手紙がありました。

手紙は漢文で書かれていて、私には何が書いてあるのかさっぱり読めません。そこで大使に「まことに残念ですが、ここに書いてある文章はわかりません」と正直に伝えました。すると大使は目を輝かせ、感動した口振りで次のように言いました。

「ここにはたくさんの日本の学者や政治家が来ましたが、ほとんどの人が、この漢文を見てわかったふりをして帰っていきました。でもあなたは、大学の学長職に就いているとい

ローマ教皇庁でヨハネ・パウロ２世に謁見する中学生（1996 年）.

う外見にとらわれずに、「わかりません」と正直におっしゃった。こんなに率直な方の学校の生徒さんなら間違いありません。あなたの学校がキリスト教を奉じた学校でなくても、あなたが生徒さんをつれてバチカンに来られるのをおおいに歓迎いたします」。

もし私が自分を大きく見せようと虚勢を張ったり、わかったふりをして嘘をついたら、もしかしたら謁見の話はなくなっていたかもしれません。けれども正直に「わからない」と言ったことが、意外にも相手の心に響いたのでした。

「正直」ということや「嘘をつかない」ということは、宗教の中ではもっとも大切とされる美徳です。私は正直に「わからない」と伝えたことによって、教皇大使の信頼を得ることができたのです。

それ以来、毎年文理中学校のイタリア研修では、必ずローマ教皇との謁見がスケジュールに組み込まれるようになりました。カトリックの伝統のある高校でも、日本ではたった一校しか謁見が許されていないそうですから、いかに文理佐藤学園が信頼を得ていたかがわかると思います。

謁見式への参加は、学園の都合でイタリア研修が中止になった時を除いて、続けられながら今日に至っています。

†ホスピタリティを核にした大学を設立する

中学校と高校の学校経営が成功し、社会的な評価が高まるとともに、私の夢はもっと大きく広がりました。私の学園運営の手法は、ひとつめの学校で得た貯えを、すべて次の学校の創立と運営に回していき、日本の昔話に出てくる「わらしべ長者」のように規模を拡大していく、というものです。

幸い中学校と高校は、一貫校のメリットによって生徒数も安定してきました。それに伴って、手元の資金も順調に増えていきます。そうなると、私にはどうしてもつくりたい学

『文理佐藤学園の風』(佐藤英樹, アイ・ケイ・コーポレーション, 2006年).

校の夢が湧き上がってくるのです。それはホスピタリティを核とした最高教育機関、すなわち大学の設置です。

私の人生の原点はホスピタリティにあります。まだ若き日に日経新聞でこの言葉を発見した時から、私の人生の目標は、生涯をかけてホスピタリティの意味を追究することになりました。

しかしすでに述べたように、日本の大学にはホスピタリティを学問として研究するところがありません。そのときの悔しい気持ちは、五〇年近く経ってもなお薄れることはありませんでした。そこで、日本に教える大学がないなら、自分でつくってしまおうと決意したのです。

文理佐藤学園には狭山の広いキャンパスがあり、資金もあります。さっそくホスピタリティを核とした大学をつくろうと動き始めたのが、平成九年（一九九七）のことでした。

しかし文部省は、この新しい大学の構想に初めは難色を示しました。申請したのは「ホスピタリティ経営学部」でしたが、真理の追究と教育が前提となっている大学において、「ホスピタリティ」という実践的な概念はそぐわない、ホスピタリティを勉強するのは、やはり実務とつながっている短大や専門学校の範疇ではないか、というのです。

いろいろと説明した挙句に、ようやく「サービス経営学部」ならば認めてもよいということになったのです。もっとも西武文理大学の英語表記では、私の意欲が通じてBunri University of Hospitalityとすることを認めてもらいました。思い返してみると、ずいぶん苦労したものです。

難航した西武文理大学は、こうして平成一一年(一九九九)、開学しました。初代学長になった私は、六四歳を迎えていました。コンピュータ社会に技術者を提供していた文理情報短大は、大学の開学にともない、最後の卒業生を送り出したあと、平成一二年(二〇〇〇)に西武文理大学の「サービス経営学部」に統合されることになりました。

ホスピタリティに重点を置く大学として、エントランス・アーチと校舎の正面入り口の上に、ヨーロッパでホスピタリティの精神を表わす標語として知られているラテン語を掲げました。それは、Pax Intratibus, Salus Exeuntibusというもので、意味は「歩み入る人たちに平安が、去り行く人たちに幸せが(めぐまれますように)」というものです。

また、学校の成績だけでなく人間性も重視したかったので、当初はバーベキュー入試というユニークな入試方法を実施しました。受験生をグループに分け、バーベキューをしてもらって、コミュニケーション能力やチームへの貢献度、問題解決能力などを総合的に判断するというものです。

いささか唐突な比較に思えるかもしれませんが、たとえば明治維新という大きな変革を担った人々は、ペーパーテストを潜り抜けてきたのでしょうか。そう考えると事は簡単でした。進んで裏方にまわって片づけをしたり、皿洗いをする学生に高い評価をつけました。ペーパーテストだけではわからない面を少しでも丁寧にすくい上げたいと考えたのは、真にホスピタリティあふれる人材を育てたいとの思いからでした。

その後、長年の夢だった医療系の学部「看護学部」の設置に向けて動き始めました。平成一九年（二〇〇七）から開設準備室を設置して教員と専任職員を配置し、一年以上かけて四三〇〇平方メートルの建物を新築し、ベッドやさまざまな什器《じゅうき》、備品を購入しました。そして翌平成二〇年（二〇〇八）、「ヒューマン看護学部」として認可申請したのです。

ところが準備万端のつもりで平成二一年（二〇〇九）四月の開設をめざしていたのですが、事前の文科省との相談では指摘がなかったこの名称について、難色が示されたのです。その結果、大学設置・学校法人審議会から「学部名称不可」の答申が出され、認可申請は通りませんでした。

青天の霹靂とはこのことでしょうか。先に設置された「サービス経営学部」も、当初は「ホスピタリティ経営学部」でしたが、すでに述べたような経緯があって「サービス経営学部」で落ち着きました。

新しく設置する看護学部も、本当は「ホスピタリティ看護学部」にしたいと考えていました。けれども過去の経験を踏まえて、配慮の上で「ヒューマン看護学部」にしたにもかかわらず、思わぬことに「名称不可」の答申になったのです。

それでも、もはやあれこれ交渉するより、設置の認可を得るほうが先だと考え、「ヒューマン」を削除することにしました。そうして「名称不可」の裁定がおりた翌日から、学部名称を「看護学部」にすべく、再認可申請書の作成に全力で取りかかりました。

再び申請書を提出し、一日千秋の思いで結果を待っていたところ、一二月二四日のクリスマスイブに、まるでクリスマスプレゼントのように文科省から認可の通知が届いたのです。学部開設のわずか三カ月前のことでした。こうして平成二一年（二〇〇九）四月には、八〇名の定員を上回る八八名の新入生を迎えて、無事、看護学部の船出となりました。

現在、西武文理大学の看護学部は開設十数年という若い学部にもかかわらず、「ホスピタリティ」の精神をしっかり受け継いだ優秀な看護師、医療従事者を送り出し、医療現場で高い評価を得ています。

なお、今後の夢として、大学の学部はもっと増やしたいと思っています。ひとつの夢がかなうと次の夢がわき出てくる。そうやって、死ぬまで私は夢を追い続けていくのかもしれません。社会と時代の要請に応え続ける、それが私の天命だと思っています。

†河川敷に墜落した自衛隊機

ここで話は少し脇道にそれます。大学を開学したまさにその年の一一月のことでした。日本中を震撼《しんかん》させるできごとが、まさに狭山キャンパスの目と鼻の先、入間川の河川敷で起きたのです。

平成一一年（一九九九）一一月二二日、午後一時過ぎ、ベテランパイロット二名が搭乗するT－33A訓練機が入間基地を飛び立ちました。約四〇分後、訓練機のエンジンに異常が生じます。パイロット二名は入間基地への帰還を試みますが、急速に高度が下がり、このままでは狭山市街地に墜落しかねないという緊急事態に直面します。

経験豊富なパイロット二名は被害を最小限に抑えようとして、住宅地や学校を避けるためにギリギリまで操縦し続けました。その結果、訓練機は送電線を切断して入間川の河川敷に墜落し、脱出が遅れた二名のパイロットは殉職してしまいます。

事故は首都圏に大規模な停電を引き起こしましたが、しかし奇跡的に、民間人の死傷者はひとりも出ませんでした。

飛行機の墜落現場は、文理佐藤学園の狭山キャンパスの目と鼻の先です。一歩まちがえばキャンパス内に墜落して、大惨事になっていたかもしれません。たくさんの生徒や学生の教育に携わる者として、まさに心臓が凍りつくような出来事でした。

墜落直後には、市街地に基地がある危険性を指摘する批判的な論調が強かったのですが、私はそうは思いませんでした。ベテランのパイロットであれば、突発的な機体の異常であっても即座に対応して、安全に脱出できたはずです。しかし彼らは、自らを犠牲にして民間人の生命を守ったのです。

確かに、基地が無ければ事故も起きなかったでしょう。基地問題が中・長期にわたる問題として避けられない事情は理解できます。しかし私たちが考えるべきは、まず当面の事故についてであり、二人のパイロットが取った行動の意味についてだと思いました。

そして、私はこの事故について、パイロットたちが民間人を守るために尊い生命を捧げたという面を、無視してはならないと思ったのです。彼らの行為は称賛されこそすれ、非難されるものではありません。そもそも私にとって当面の課題は、基地問題への態度を明らかにすることではありません。

そこで、私は文理高校の卒業式で「飛行機は私たちの学校を避けて河川敷に墜落した」という話をしました。「こんな危ないものが私たちの頭上を飛んでいる。危険だ」という非難ではなく、「自分の生命を犠牲にして私たちの安全を優先してくれた」、強い責任感にもとづいた行為だと話したのです。

のちに、この話は航空自衛隊の幹部にも伝わったようです。犠牲になったパイロットへの私の敬意の表明に、彼らが感謝しているという話を聞きました。

それ以後、入間基地や航空自衛隊とは良好な関係を築いています。狭山の地で、ともに広大な土地を持つ隣人同士なのです。いがみ合うのではなく尊重しあう関係は、学園運営をスムーズに行うという観点からも、たいへん重要なことだと考えています。

†修道院にならった塔屋を持つ校舎

西武文理大学の校舎は、高い塔屋を持つ赤煉瓦づくりになっています。対岸から入間川を挟んで建ち並ぶ校舎を眺めると、晴れた日には青空を切り取るような美しいシルエットを描いて、初めてこの地を訪れる人の目を奪います。

それらの校舎を建てる際に参考にしたのは、海外の修道院でした。なぜならヨーロッパの学校は、修道院の建物をルーツに持つものが多いからです。

大学開設の話が本格化したころ、私はやはり妻と一緒に、海外のいくつかの修道院を見学に行きました。周囲の景観に溶け込んだ美しいたたずまいに感激した私たちは、「うち

狭山キャンパス「オアシス館」(2号館). 大学の緑の三角屋根は学園のシンボルともいえる.

の大学もヨーロッパの修道院の流れを組む、ロマンあふれる外観にしたいね」と話し合いました。

校舎に高い塔屋をつくったのは松下政経塾の真似ですが、文理大学の校舎は塔屋のてっぺんを緑色の三角屋根にして、鐘が鳴るようにしました。遠くからでも、鐘付きの緑色の三角屋根はよく目立ちます。大学のシンボルにもなりました。

修道院をルーツに持つ海外の学校は、修道院の生活がそうであるように、時間ごとに塔屋にある鐘を鳴らします。文理大学でも同じように塔屋の鐘を鳴らしています。その音色は、いくえにも重なりあって狭山の大地に響きわたり、おごそかな雰囲気を醸し出しています。

　私は自分でも鐘をつきたくなって、大学のキャンパスのはずれにある高台に、自分で鐘《かね》撞《つ》き堂をつくってしまいました。山小屋風に木で囲った東家《あずまや》に、「ホスピタリティの鐘」と名づけた鐘をとりつけ、綱でひっぱって鳴らす鐘撞き堂です。この小屋からは、河川敷のグラウンド越しに、ゆるやかにカーブして流れる入間川や対岸の広い草地が見えます。

　鐘撞き堂のベンチに座り、大きく広がる空に囲まれた広大な大地や、その中を一筋の航跡を引くように流れる入間川を眺めていると、至福の時間がゆっくりと過ぎていき、思わず時がたつのを忘れてしまうほどです。

　創立以来の時間を比較すれば、早稲田大学は一五〇年近く、日本でいちばん古い慶応大学でも一六〇年余りになります。いっぽう西武文理大学は、まだ二〇年を少し超えるぐらいでしかありません。

　けれどもあと五〇〇年、一〇〇〇年経ってみると、どうでしょうか。一〇〇年ほどの差など、取るに足りないものになっているに違いありません。文理大学が早稲田や慶応と肩を並べる日はいつになるだろうか。その日が必ずやって来ることを夢見て、私は鐘撞き堂でしばし未来に思いをはせるのです。

†小学校開設と児童教育の意味

専門学校から始まり、中学から大学までの学校をつくってみて、あらためて私が感じたのは、教育の初歩にあたる児童教育の重要性でした。豊かな人間性と品性を養うには、まだ心が白いキャンバスのままで、これから社会性や知能が育っていくという児童の頃から、人間性を陶冶して行くのが理想的だと気づいたのです。

そのために、大人は子どもに良い教育環境を整えて、美しい心が育つのを助けなければなりません。大学設置の夢を叶えた私は、いつしか小学校の設置を、と真剣に考えるようになりました。しかし狭山キャンパスは、駅からバスに乗らなければならないので、小学生が通うには適していないと思いました。

どこか駅に近くて、小学校に適した土地はないかと、狭山キャンパスの取得の際にお世話になった細田さんに相談してみました。細田さんは地元の方々にも相談してくれて、西武新宿線の新狭山駅にほど近い場所に、小学校を建てるのに最適な土地を見つけてくれたのです。

その場所は、平成一六年（二〇〇四）に別の場所に再建されるまで八雲神社があったところで、はるか縄文・弥生の時代から人々が祈りをささげてきた神聖な土地でした。児童のためにこの地を大自然からお借りし、理想の教育のために役立たせよ、という神さまのお導きだと考え、ありがたく使わせていただくことにしました。

小学校開設がいよいよ現実化してくるとともに、私の目標もどんどん広がっていきました。今度は小学校から中・高まで一二年間の一貫教育で、世界に通用するようなトップエリートを育てたい！　一二年間かけて系統的な教育を施すことができれば、それこそ最高のエリートを育てることができるに違いない。

生徒たちには、一二年先の難関大学の現役合格というしっかりした目標を定め、高い志を持って勉学に励んでもらいたいと思いました。そのための環境を全力でつくりあげようと、私は決意を新たにしたのです。

†大学進学の実績と人間性の追究

やがて平成一六年（二〇〇四）、私が六九歳のとき、新狭山駅からほど近い地に、埼玉県では珍しい私立の小学校として西武学園文理小学校が誕生しました。

アーチ型の門ととんがり帽子のような尖塔を持つ赤レンガの校舎は、否が応でもイギリスのパブリックスクールを連想させずにはおきません。周囲にはのどかな田園風景が広がり、朝な夕なに鳥のさえずりが聞こえる恵まれた自然環境です。

この小学校で、とくにこだわったのは英語教育です。小学校一年生の時から毎日、ネイティブの先生が教室で英語のシャワーを浴びせます。その他の教科でも、日本人の専科教員とともにネイティブの先生も配置し、内容を英語で説明する授業を実施しました。

その結果、当然のことながら英語の力が飛躍的につきました。小学校の間に英語検定の三級取得を目標としていますが、現在ではほとんどの生徒が三級を取得しています。それだけでなく、二級やその上の準一級を取得する生徒さえいます。ほぼ全員の生徒が三年生になるまでに、ネイティブの先生の英語を九割程度は聞き取れるようになっています。

英語教育だけに力を入れているわけではありません。百人一首を正面入り口に掲示しながら、それを全員が空で言えるようにもしています。また論語の素読をやったこともあります。こういう教育の目的は、日本文化の根底をなしているものを幼いときからしっかりと身につけさせるためです。

いっぽう、読み、書き、計算などの基礎学力を確実に身につけるため、学年に見合ったカリキュラムを編成し、反復練習も実施することにしました。

小学校一年生からのこうしたきめ細かな教育の結果、小学校から高校まで文理佐藤学園で学んだ生徒たち全体の約五十数名の中から、毎年、東大に一、二名、国公立医学部に数名、有名私立大学へも十数名の合格者を輩出しています。浪人生を合わせると、私立医歯薬学部へ数十名合格しているのも、特筆すべき実績だと考えています。

当学園のように小学校を持つ一二年一貫教育の有名校は、慶応、早稲田、学習院、青山、成城、成蹊などいくつかありますが、いずれも自校以外の有名大学への入学実績はほとんどありません。エスカレーター式に上がってゆくだけです。そう考えると、西武文理小学校出身者の大学進学の実績は、目を見張るものがあるといっていいのではないでしょうか。

もっとも、私が誇りに思うのは、くり返し述べているように大学進学の実績ばかりではありません。それ以前の貴重な資質として、文理小学校で培《つちか》われた児童たちの高い道徳性と人間性について、あらためて触れておきたいと思います。

前にも述べたように、私は最初に専門学校をつくったときから、一貫して人間性の教育に重きを置いてきました。それは小学校においても変わりません。むしろ、まだ心が純粋な小学生だからこそ、道徳教育や人間教育は重要だと考えており、その基礎となる礼儀作法の習慣化は、早い時期からとくに重視しています。

たとえば、入学してすぐに、一年生は靴を下駄箱にきちんとそろえて入れることを学びます。今は業者が教室の清掃を行う学校も多いのですが、西武文理小学校では児童自身が

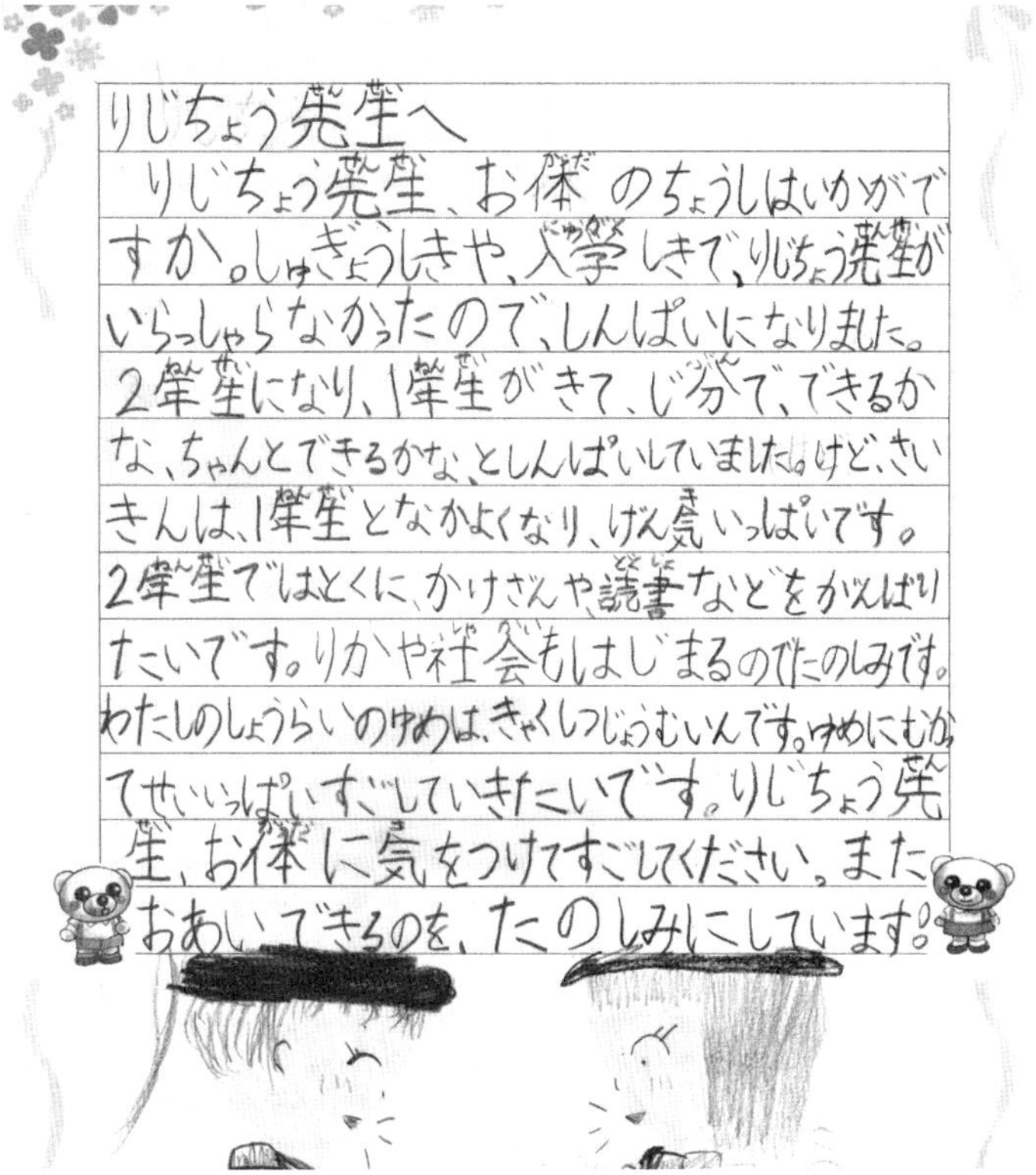
りじちょう先生へ
りじちょう先生、お体《からだ》のちょうしはいかがですか。しゅぎょうしきや、入学《にゅうがく》しきで、りじちょう先生がいらっしゃらなかったので、しんぱいになりました。２年生《ねんせい》になり、１年生《せい》がきて、じ分《ぶん》で、できるかな、ちゃんとできるかな、としんぱいしていました。けど、さいきんは、１年生《ねん》となかよくなり、げん気《き》いっぱいです。２年生《ねん》ではとくに、かけざんや読書《どくしょ》などをがんばりたいです。りかや社会《しゃかい》もはじまるのでたのしみです。わたしのしょうらいのゆめは、きゃくしつじょうむいんです。ゆめにむかってせいいっぱいすごしていきたいです。りじちょう先生、お体《からだ》に気をつけてすごしてください。またおあいできるのを、たのしみにしています。

肩の負傷のために初めて入学式を欠席した私に寄せられた，二年生の手紙の中から．

日々の清掃を行っています。校内清掃は自分の心をきれいにすることでもある、と学校では児童たちに教えています。

また登下校の挨拶も大切にしています。挨拶は相手の目をきちんと見て行うことを徹底し、出会いの際の礼儀として身に付くよう力を注いでいます。ほかにも、老人ホームの訪問や地域の清掃奉仕などのボランティア活動にも積極的に参加していて、思いやりや感謝の気持ちを自然に養えるよう配慮しています。

そのうえで、私が理想とするのは、子どもたちが小学生の時から大きな夢を持つことです。その一環として文理小学校では、子どもたち各自が、小学校に在学しているうちに、自分の将来の夢を描いたり書いたりしたものを箱に詰めて保管しておきます。

そして、小学校を卒業して二〇歳になった時に同窓会を開いて集まってもらい、その箱を開けて、かつての自分の夢を確認し、その作品を持ち帰ってもらうことにしています。

それは二〇歳の時だけではありません。三〇歳、四〇歳、五〇歳という節目の年ごとに開ける箱に、夢をかいた作品が保管されています。いくつになっても、その夢の実現を手助けできるような学校でありたいと願っているのです。

そのため小学校の同窓会にはとくに力を入れて、毎年開催しています。私自身の経験からも、小学校の同級生は、後の人生においてもっとも大切な友人となる可能性が高いからです。

ちなみに私の通った岩手小学校の三六人の卒業生は、同窓会を催すとほとんど全員が集まりました。男性は女性からいつも名前を呼び捨てにされるのですが、女性は「サッチン」とか「エミチャン」と呼ばれて、女性上位のクラス会でした。それが八〇歳まで続いたのです。それほどに小学校の同級生は、いくつになっても仲良しでいられるのです。

毎年、西武文理小学校には、目をクリクリさせた、かわいいヒヨコのような子どもたちが入学してきます。まっすぐな目をした子どもたちを見るたびに、私は胸が熱くなります。

私自身が幼い頃、祖父に抱かれて富士山を眺め、「日本一をめざそう」と心に誓ったときと同じように、この子どもたちも大きな夢を持ち、それを実現する大人に育っていってほしいのです。そのために、文理佐藤学園は最高の環境を提供してみせると、私は気を引き締めています。

†「旭日中綬章」という栄誉

平成二一年(二〇〇九)一一月三日の文化の日、七四歳になった私は、思いがけなくも「旭日中綬章」を授与されるという栄誉を賜わることになりました。ちょうど西武文理大

叙勲の日に妻とともに.

学に念願の看護学部が設置された年でもあり、私にとっては二重の喜びに満ちた忘れがたい年となりました。

私の叙勲の理由は、どこよりも先駆けて、ホスピタリティ教育を主眼とする大学を設置し、学長として尽力してきた功績によるものです。

その年の秋の叙勲で「旭日中綬章」を受与された人は二〇人ほどいましたが、その中で大学の学長だったのは、私と他に一人だけでした。しかも私はその二〇人を代表して、天皇陛下からじかに勲章をいただいたのです。したがってその時に撮影された集合写真では、私が真ん中に位置しています。

若いころに「ホスピタリティ」という言葉を知って以来、日本にホスピタリティにもとづく教育を根付かせたいとの一心で無我夢中で半世紀以上走り続けてきたことが、叙勲という形で認められたことは、私にとって望外の喜びとなりました。

第6章

私の教育論

西武学園文理中学校

†熊を学園のシンボルに

狭山キャンパスの建物内には多くの美術品のほか、とくに熊のぬいぐるみや剝製、彫刻が数多く置いてあります。熊は文理佐藤学園のシンボルマークなのです。なぜ熊なのかというと、以前、カリフォルニア大学バークレー校を訪問した際、熊がマスコットになっていて、学内にもオブジェがたくさんあったのを見たことがきっかけでした。

アメリカン・フットボールやバスケットボールなどバークレー校の強豪チームは、みな熊にちなんだ「カル・ゴールデンベアーズ」の名前がつけられています。

熊は動物の中でも大きくて強く、太古から神としてあがめられてきている地域もあります。また童話に登場する熊のように、どこか優しいイメージがありますし、そもそも「Ｂｅａｒ」には「耐える」という意味もあります。

さらに、Bear everything before you（すべてのものに耐え忍べ）という言葉があることを知り、即座に文理佐藤学園のシンボルマークにすることに決めてしまいました。

熊は穴にこもって、長い冬を耐え忍びます。それによって強靭な力を身につけるのです。強くて優しく、困難に耐える神のように偉大な存在――そんな「熊」のイメージは、文理

「熊の像」（フランソワ・ポンポン作，文理中学校に展示されている）．

佐藤学園のめざすところにぴったりです。

その後、シンボルマークの熊にちなんで、熊のコレクションも始めました。ツキノワグマやホッキョクグマ、グリズリーなど熊の剥製も購入しました。平成一三年（二〇〇一）の高校設立二〇周年の際には、記念として、フランスの彫刻家フランソワ・ポンポン（一八五五―一九三三）の熊のブロンズ彫刻も入手しています。

ポンポンは、「考える人」で有名なオーギュスト・ロダン（一八四〇―一九一七）の助手としても知られ、数々の動物の彫刻作品をつくったことで有名です。オルセー美術館に代表作が所蔵されているほか、世界各地に作品が保管されています。その作品のひとつが当学園にあるのは、私の誇りでもあります。ゆくゆくはポンポンの作品を中心にした熊の博物館がつくれたら、というひそかな夢を温《あたた》めているところです。

†能力と熊力と態力

ところで、私はたんに思いつきでバークレー校の真似をして、熊を学園のシンボルにしたわけではありません。熊が持つ力、すなわち「熊力」が、生徒、学生たちには大切だという信念があったからです。

つねづね私は、「人間にはみな、かけがえのない生まれ持った能力がある」と思っています。「能力」とは何かというと、その人の内に隠れていて見えないけれど、目標を立てて努力しつづけることによって芽を出し、花を咲かせる潜在的な力のことです。

さらに、「能力」の「能」の字の下に、点を四つ付けると「熊」になります。四つの点とは「聞く力」や「話す力」「読む力」「書く力」で、それぞれの機能を学び、その扱いに習熟していくことが教育の目的だと私は考えています。子どもたちの「能力」に教育の足跡をつけると、「熊力」になるとも言えるでしょう。

つまり教育によって、生まれながらの「能力」は「熊力」になり、耐える力、強い力、優しい力が身につくわけです。

『夢はあなたの手の中にある』（佐藤英樹，PHP 研究所，2011 年）.

しかし人間には、「力」だけでなく「心」も大切です。「態力」の四つの点のうち、ひとつをしっかり伸ばすと、「心」という字にもなります。「能力」「態力」に「心」が加われば、本当の意味で世の中の役に立つ人間になれるのではないでしょうか。

こうして、生まれ持った「能力」に教育を加えて「態力」になり、そこに心の成長が合わさった総合的な力のことを、私は「態力」と名付けました。

こんなふうに言えば、あるいは言葉遊びをしているように感じられるかもしれません。けれども、教育事業に理念や目標は欠かせません。そしてそれを長々とした文章に記したのでは、しばしば忘れられてしまい、結局「宝の持ち腐れ」に終わってしまうことが多いと思います。

理念や目標は、明確であるばかりでなく端的でもなければ、すぐに思い出し、使えるものとはならないでしょう。その意味でこの「態力」は、文理佐藤学園の究極の教育理念であるホスピタリティの精神と密接につながっていて、いわばその行動指針を明示しているものなのです。

そうとらえてみれば「態力」こそが、これからの国際社会においてリーダーシップを発揮するための、必須の力になると言ってよいのではないでしょうか。

当学園にあるフランソワ・ポンポンの熊も、しっかり前を見つめています。そのまなざしは遠い未来を見すえているようです。たとえ困難がやってこようとも屈せず、決して歩みを止めようとしない。そして苦難に耐えて目標を達成しようとする心の強さ——ポンポンの熊を見ていると、私の内側にも「熊力」がふつふつとわきあがってくるのを感じるのです。

†遠距離通学ほど成績がいい

西武学園文理中学校・高等学校は西武新宿線の新狭山駅からスクールバスで一〇分ほどの場所にあります。最寄り駅の新狭山は、池袋駅から急行を使って四〇分ほど、新宿からなら一時間弱かかります。生徒たちの中には東京や千葉、なかには遠く神奈川から通ってくる遠距離通学の生徒もいます。

往復の通学だけでも大変だと思うのですが、不思議なことに遠距離通学の生徒のほうが、地元から通ってくる生徒たちより成績がいい傾向があるのです。

普通に考えれば、遠距離通学の生徒たちは、家に戻って食事をし、そのあと翌日の準備をすれば、すぐ就寝の時間になってしまうという、あまり余裕のない毎日でしょう。勉強する時間は、近隣に住んでいる生徒より圧倒的に少ないはずです。

にもかかわらず、なぜ彼らは成績がいいのでしょうか。答えは電車の中にあります。彼らは電車で移動している時間を有効に使って、勉強時間に当てているからです。

たとえば、片道一時間かかる生徒がいるとします。往復で二時間です。その時間を使って教科書や参考書の予習と復習をしたり、教科に関連する本を読めば、かなり学力がつくはずです。一年間続けると、約四八〇時間にもなります。毎年四八〇時間分、勉強を積み上げていけば、高校生なら大学を受験する三年後には、そして中学生なら六年後には、たいへん大きな力になっているにちがいありません。

私は遠距離通学をしてくる生徒や学生に、つねづねこう言いきかせています。

「君たちは、遠くから通ってくる分、勉強時間が削られて、不利になると思っているかもしれないが、じつは逆なんだ。電車に乗っている時間を有効活用すれば、こんなに貴重な勉強時間はほかにない。君らにはいわば「電車力」がある。その力をおおいに活用して、学力を伸ばすチャンスに変えるんだ！」。

実際、往復四時間の電車通学時間を使ってしっかり勉強した生徒が、東大に合格した例もあります。毎日のことであるだけに、「電車力」はあなどれません。

ところで、急いで付け加えなければなりませんが、実は文理佐藤学園では、成績優秀者賞より皆勤賞のほうに重きを置いています。皆勤者は自己管理能力がある者だとみなし、各年度の卒業生の名前を銘記した記念板の名前の上に、星印を付けているのです。生徒にもその精神は伝わっていて、卒業して何年たっても、この印が付けられた自分の名前に誇りを感じているようです。自身でそれを確認するだけでなく、自分の子どもたちにもそれを見せるために、学校に連れて来る卒業生もいるほどです。

実はこの皆勤者にも、遠距離通学者が多いのです。長距離通学というハンディがあるにもかかわらず皆勤できる、まさに自己管理の賜物です。彼らが同時に成績優秀者に名を連ねるケースが多いのも、当然といえましょう。

†「遊び」は教育に大切だ

今の学校は、生徒たちをさまざまな規則で縛ることが多く、遊びというものがありません。私はときどき、よその学校の前を車で通りますが、校庭で子どもたちが自由に遊んでいる姿を見かけることが少なくなりました。

私が子どもの頃は、どの学校でも校庭でドッジボールをしたり、野球をしたり、鬼ごっこに興じる子どもたちの姿があったものです。今は野球は野球部だけ、サッカーはサッカー部だけとなり、それ以外の子どもたちはバットにもサッカーボールにもさわれないと聞きます。

中学・高校のスポーツが「部活」に特化された結果、部活に所属していないふつうの生徒は、体育の時間を除けば、学校で身体を動かすことが少なくなってしまいました。そんな学校生活が楽しいといえるでしょうか。

私は、学校はまず面白いもの、楽しいもの、遊びがあるものでなければならないと考えています。面白くなければ人は集まってきません。たとえ進学校であっても、いや進学校だからこそ、勉強だけでなく、みんなで楽しむ遊びが必要なのではないでしょうか。

「よく遊び、よく学べ」というのは真実です。学校はよく遊んで、よく勉強するところです。遊びという楽しみの中にも教育があります。ともに遊ぶから友だちができ、友情が生まれ、切磋琢磨《せっさたくま》する環境が生まれるのです。

文理佐藤学園は、たしかに東大をはじめ難関大学への合格者が多い、有数の進学校として知られるようになりました。けれども私は、これまで述べてきたように、当学園の理念に照らしても、そんなことで満足してはいません。

西武文理高校が毎年のように東大合格者を出し始めた頃、浮かれた気分を戒めるために「ねじ教育」という考え方を提唱したことがあります。「ねじ教育」とは締めるところは締めるが、緩《ゆる》めるところは緩めようという教育です。

普段からこつこつと勉強して、上位の成績をめざす。これは締める教育です。いっぽう、緩める教育とは楽しく学ぶことです。海外へ修学旅行に行ったり、体育祭や文化祭に情熱を燃やしたり、日本の伝統芸術を鑑賞するというのがゆるめる教育ですが、ふだんから身体を動かす遊びを楽しむのも、緩める教育のひとつです。

オランダの歴史家ヨハン・ホイジンガ（一八七二―一九四五）も、著書『ホモ・ルーデンス』（一九三八）のなかで、人はHomo Ludens（遊ぶ人）なのであって、「古来、人間の文化は遊びの中から生まれた」と主張しています。

文理佐藤学園の児童や生徒になったからには、「よく遊び、よく学べ」という精神を体現してほしい。学校から家に戻った時、「あー、今日も楽しかった」と笑顔で言えるような学校生活を送ってほしいと願っています。

†学園にスケートボード・パークを

学校に遊びが必要だ、と考え続けていたところ、令和三年（二〇二一）の東京オリンピックで目を見張るような光景を目にしました。日本の一〇代の若い選手たちが、スケートボードの競技で次々とメダルを獲得したのです。それも思いっきりの笑顔を見せながら。

オリンピックの選手といえば、国を背負って競技に臨むせいか、悲壮感ただようアスリートが多いように感じていました。そして負けると、何度も謝ったりする。ところがスケートボードでは、どの選手もはじけるような笑顔で競技を楽しみ、負けても勝っても笑顔がたえないのです。

こんな楽しい競技があったのか、と私は衝撃を受けてしまいました。さっそくスケートボードについて調べてみると、日本では若者に人気が高いスポーツでありながら、一般の公園や路上では禁止されているところがほとんどで、スケートボードを楽しむ場所がないことがわかりました。日本では、スケートボード＝素行《そこう》不良というイメージがあるからのようです。

ところがアメリカでは、スケートボードがふつうの自転車のように使われていました。そういえば、サンフランシスコに行ったときも、地元の少年がふつうに街をスケートボードですべっている光景を目撃したことがあります。

当学園の体育の教師に、「うちの生徒にスケボーを教えて、銀座の街で車が渋滞しているとき、わきをすべらせたらどうだろう」と聞いてみると、「そんなことをしたら、不良が集まった学校に思われてしまいますよ」と一笑に付されてしまいました。

本当にそうだろうか、と私はスケートボードについてもう少し調べることにしました。

最近、各所にスケートボードができるスケートボード・パークというものができていると聞き、さっそく見学に行ったのです。

パークのそばに一時間以上も座り、いろいろな人たちの動きを見ていて気づいたことがあります。スケートボードをしに来ている小さな子どもは、何度ころんで痛い思いをしても、親のところに泣いて戻ったりしません。幼稚園児くらいの子どもでさえも、自分で立ち上がり、痛さをこらえて、また技に挑戦します。何回ころんでもトライする。そこにスケートボードの可能性があると感じました。

スケートボードはスピードを出すのも止まるのも曲がるのも、すべて自分の体重移動だけで行います。今は遊びの多くがＡＩやコンピュータ、機械に頼っているのに対して、スケートボードは自分の体重の移動だけでコントロールする遊びです。

生まれたときからコンピュータに囲まれて育ってきた子どもたちにとっては、身体をつかった経験が逆に新鮮に感じられるのでしょう。

先にあげたホイジンガの遊びの理論を批判的に継承したフランスの思想家ロジェ・カイヨワ（一九一三―一九七八）が、自著『遊びと人間』（一九五八）において、「遊び」には、競争（スポーツやチェス等）、偶然（くじ引きや賭け）、模倣（変装など、自分でない他者になろうとする遊び）という要素に加えて、眩暈《めまい》（回転や落下による身体的感覚の混乱を楽しむもの）があると指摘していて、そこにメリーゴーランド等の遊園地の遊具をあげていると聞きました。

スケートボードという遊びは、まさにこの第四の要素を体現したもので、自分で楽しみつつコントロールするという、高度に自主的な遊びなのです。けっして不良の楽しみにとどまるものではありません。

したがって私は、学園の中に、だれもが使えるようなスケートボードの練習場をつくりたいのです。そのためには、〝部活〟ではなくふつうの遊びとして、休み時間や放課後に自由に使える空間が必要になります。そんなスケートボード・パークが学内にあったら楽しいと思いませんか。

そこでは、スケートボードができる大学生が高校生に技を教え、高校生が中学生に教え、中学生が小学生に教えるという、年齢を超えたつながりが生まれるでしょう。スケートボードを楽しみに学校に来るようになれば、学校生活が楽しくなり、自然と勉強する気にもなると思うのです。

文理高校や文理中学校が進学校だからといって、誰もが有名大学に進学することを目標にして、受験勉強だけに集中すればいいというわけではありません。遊びを通して人間性や可能性を育んでいく、それも教育の役割だと私は思っています。

†素直さと「持続する精神」

学校教育で一番大切なものは何かと聞かれたら、私は迷わず「素直さを育てること」と答えるでしょう。誰かに指導を受けたとき、「はい、ありがとうございます」と素直に言える人間は成長します。

怒られたときに、「こんちくしょう」とか「なぜ、私だけ」と反発する人間や、「だって、こういう理由があったから」と弁解する人は、成長しません。そこには、なぜ相手から怒られたのか、その理由を正確に理解しようとする姿勢がないからです。

結局、まちがいを正す機会を逸してしまい、また同じあやまちをくり返すしかないでしょう。けれども素直に聞く耳を持つ「怒られ上手」は、自分を高い領域に持っていくことができます。

「この人には注意しても、聞く耳を持たない」と思われてしまうと、やがて人は注意してくれなくなります。すると自分の足りないところがわからないので、伸びていくことはできません。結果として、組織や社会において孤立していくしかないでしょう。

私が尊敬する松下幸之助さんは、「素直な心」について次のように記しています。

「自分にも至らない点、気づいていないこと、知らないことがある、それは改めなければならないから教えてもらおう、というような謙虚な心をもっていたからではないかと思います。そういう謙虚さはどこからきたというと、それはやはり素直な心が働いているところから出てきたのではないかと思うのです。謙虚な心で衆知に耳を傾けるということは、いつの時代どんな場合でも非常に大切なことですが、素直な心が働けば、そういう姿がおのずと生まれてくるのではないかと思います」

（『素直な心になるために』ＰＨＰ文庫、二〇〇四年）

人間、素直が一番です。素直に生きて、損をすることはありません。前にも記しましたが、それについてはローマ教皇庁大使館を訪ねたときの経験で、私自身が実感していることです。教育では、くり返しこのことを教えるべきだと思います。

†自分の鉱脈を掘りあてる

イソップ童話の中に、有名なうさぎと亀の話があります。足の速いうさぎと遅い亀が競争して、最後は亀が勝つという話です。私はどちらかというと、亀のタイプです。何事もコツコツと諦めずに続けていきます。

それほど能力に恵まれない人間であったとしても、三〇年、五〇年と同じところを掘り続けていれば、いずれは金の鉱脈につきあたるでしょう。金が噴き出してくるまで掘れ、地球の向こう側に届くまで掘れ。その覚悟で掘り続けるのです。

ちょっと掘って鉱脈が見つからないからといって、別のところに移動してしまったら、いつまでたっても鉱脈にはたどりつけません。「ここ」と決めたら、納得のゆくまで挑戦し続けることが大切なのです。

万一、鉱脈にたどりつけなかったとしても、掘り続ける過程で、別の何かを見つけられるかもしれません。掘り続けること、それ自体がゴールドと同じ価値を持つことだってあるのです。

私は昔から、頭のよすぎる人間とは付き合いませんでした。頭のいい人は、何ごともすぐに覚えるのですが、すぐに忘れてしまいます。早く覚えると早く忘れる、だから失敗するのです。それはお金の場合も一緒です。濡れ手に粟《あわ》でつかんだあぶく銭は、早く無くなります。コツコツ貯めたお金は、コツコツとしか出ていきません。

なまじ頭がよくて、早くお金を稼げるようになった人間は、いい気になって謙虚さを忘れるので、早くお金を失います。

付き合うなら頭がよい人間より、悪い人間のほうがいい。気が回りすぎる人よりも、どちらかというと愚直な人間とコツコツと誠実につきあう。それが成功するコツです。亀になって、一緒にコツコツとひとつのところを掘り続けられる人間。そんな人間が見つかれば、金の鉱脈を探り当てたも同然です。

学校に通うのは、そういう亀のような信頼できる人間、無二の親友を見つける意味もあるのだと私は思います。

†「情けは人のためならず」

奉仕とは、自分のためではなく人のため、社会のため、世界のために尽くすことをいいます。やみくもに「個人主義」がまかり通る世の中だからこそ奉仕の意味も大きいのです。奉仕をすれば、必ずだれかが見ていると信じることです。そのだれかが、必ずがんばっている人間を引き抜いてくれます。これからの時代は「奉仕」こそが大切なのです。

「情けは人のためならず」という言葉があります。多くの人は、「情けをかけるのはその人のためにならない」と誤解しているようですが、そうではありません。「人に情けをかければ、めぐりめぐって、その情けが自分に回ってくる」というのが本当の意味です。

人のために無償でつくせば、必ずよい結果が自分に返ってきます。これこそが「奉仕」

を大切にする本当のところです。私は卒業する学生にいつも言っています。「会社に勤めたら、朝は定時の二時間前、七時には出社して、掃除をしてください。二年間掃除を続けて、社長や会社の幹部のだれからも声がかからなければ、そんな会社はやめてもかまいません。見る目がない会社です。でも多くの会社は、必ずだれかが見ていて、声をかけてくるはずです。それまでがんばってください」。

そして必ず、次の言葉を付け足します。

「そのとき、ぜったいしてはいけないのは、何かを要求することです。「こんなにがんばっているのですから、昇進させてください」とか「お給料をあげてください」などと言ってはいけません。対価を要求するのは奉仕ではありません。奉仕はあくまで無償でやるものです。自分から奉仕の対価を求めた瞬間、奉仕は奉仕でなくなり、たんなる利益追求の利己的な行為に変わってしまいます」。

文理佐藤学園では、専門学校も含めて小学校から大学まで、すべての学校で奉仕活動を行っています。専門学校なら得意の料理を社会福祉施設にふるまったり、小学生は地域の清掃活動に積極的に取り組んでいます。

また中学、高校生は入間川大橋の清掃など、大がかりな清掃活動を行うだけでなく、前にも述べたように、修学旅行先のハワイでもワイキキ海岸を清掃して、ハワイ州の知事から感謝状を贈られました。

つい最近も（令和四年〔二〇二二〕六月四日）、こんなことがありました。文理高校の卒業生で、ウクライナの首都キーウのクラシックバレエ団でトップのプリンシパルを務めている長澤絵美さん夫妻を中心にして、ウクライナを支援する催しが地元の狭山市市民会館で開かれました。

その際に西武文理大学のハンドベル部が共演しただけでなく、催しを運営する裏方を、学園の大学生と高校生が協力してボランティアとして担ったのです。「奉仕」の精神は、当学園全体をつらぬく精神的な支柱となっていると言えるでしょう。

ただし、ひとつだけ注意点があります。「奉仕」に没頭するあまり、自分を犠牲にしてはいけないということです。文理佐藤学園には医療系の専門学校や大学の学部もあり、その点はとくに注意しています。

「奉仕」するのは、あくまで自分の力量の範囲内です。たとえば会社員なら、朝早く出社して掃除をするのはかまいませんが、夜遅くまで残って残業する必要はありません。仕事はできるだけ定時で終えて、残りの時間は自分の充電に使うことが大切です。自分が満たされていてこそ、他人に必要な「奉仕」ができるのです。

†無欲であることの誇り

私が裸一貫で、小学校から大学、専門学校までを擁する文理佐藤学園をつくりあげたことは、これまで述べた通りです。その原資となった資金は、すべて私がコツコツと働いてためてきたお金です。私は祖父や父から莫大な資産を受け継いだわけではありません。何か投機的なもので大もうけして、大金を手にしたわけでもありません。

西武文理の高校生と大学生がボランティアとして参加したイベント.

学生時代から多少の投資はしてきましたが、それらも自分でためたお金が元手です。そのお金で最初は専門学校をつくり、専門学校の経営で成功したお金を次の学校創設に当てるというやり方で、ひとつひとつ学園をつくりあげてきたのです。

しかも、自分の財産はすべて学校に寄付してしまいました。これまでの累積で、おおよそ数十億円は学園に寄付したことになるのではないでしょうか。したがって理事長職も引退した今の私は、いくつかの名誉職を除けば、ほぼ無職です。妻と二人で、文字通り慎ましく過ごしているつもりです。

もし学園に寄付したお金が手元にあれば、今ごろ私は大富豪だったでしょう。豪邸に住み、資産も数百億円を有するようになっていたはずです。けれども、今の2LDKのマンション暮らしを、私はみじめとも残念だとも思っていません。自分や子どもに財を残す気など毛頭なく、贅沢への興味もありません。

私は今年で八七歳になりましたが、年はとっても心意気だけは、一八歳で上京してきた青年のままです。なにかどでかいことをなし遂げたい。けれどもそれは、お金もうけをしてただ財産を増やすことではありません。そんなちっぽけな夢のために、わざわざ東京に出てきたわけではない。

私が生きている目的は、世の中のためになること、後世まで残る何かをやることです。私の視線は、気付くと自らの死後のはるか先まで向けられているようです。教育に生涯をかけたのも、教育が人を育てること、後世に受け継がれていく事業でもあると考えたからです。

私はこれまで、数えきれないほどたくさんの児童、生徒、学生、その友人、家族たちの希望と未来のために働き、寄り添ってきました。その中から、国や世界に影響を与えるようなすばらしい人材がすでに育っています。彼らの影響を受けて、周りの人たちも、あるいは次の世代の人たちも、さらにその次の世代の人たちも育っていくでしょう。

大げさにいえば、この地球が存在する限り、何らかの形で、文理佐藤学園の影響を受けた人たちが連綿と活躍し続けていくわけです。その大本《おおもと》を自分がつくったという事実だけで、私はこの世に生まれてきた意味があったと思っています。そして誇らしく感じてもいます。

地球規模の大きな使命に比べたら、お金がないとか家が狭いとか、そうしたことは些細なことに過ぎません。目先のお金や利益に惑わされなかったからこそ、自分の使命に気がついて、その道を迷うことなく進むことができました。大きなことをなし遂げようと思う人間は、自分のことに対しては無欲でいるのがいちばんなのです。

†妃殿下ときゅうりの漬物

学園をつくった初めの頃は、ホスピタリティの概念を理解してもらうのに苦労しました。ホスピタリティというのは、ただ丁寧に接すればいいというものではありません。相手のことを考えて、相手が幸せになるような心遣いをするのが本当の意味なのです。

そのことについて思いをめぐらすとき、いつも浮かんでくるエピソードがあります。私の友人に関わることですが、彼は栃木県の那須に広い土地を持つ農家の当主です。乃木神社に関係する由緒ある家なので、何度か皇室の方が立ち寄ったこともあるそうです。

さて、上皇陛下がまだ皇太子だったころ、美智子妃殿下と一緒に来られたことがあったそうです。ある日、宮内庁から電話があり、「明日うかがいます」とのことでした。そこで「どなたでしょう?」と問い返すと、「皇太子ご夫妻です」との答えで、さらに驚いたそうです。

皇太子ご夫妻のご訪問ともなると、警備も相当なものになります。到着する何時間も前から、周囲の沿道や角々には警官が立って警戒します。その数はゆうに数十人を超えるもので、那須の田舎で、一度にそれほど多くの警官を見たことはなかったそうです。

さらに到着間近になると、家のすぐ上をヘリコプターが何機も飛び始めます。友人は困り果てました。「果たして、皇太子ご夫妻にどんなおもてなしをしたらいいのだろうか」と、見当もつかなかったからです。

宮内庁からは、特別なおもてなしはいらないと事前に指示されていました。むしろ何も出さないほうがいいという雰囲気を感じたそうです。もしお口に合わないものを召し上がって、体調でも崩されたら大事《おおごと》になるからでしょうか。

それでも友人は、お茶だけでは失礼かと思い、家で漬けたきゅうりの漬物《つけもの》をお出ししました。ご夫妻はひと口ずつ召し上がったあと、とてもうれしそうなお顔をされたそうです。美智子さまは宮内庁の人が下がったときに、皇太子殿下に向かって「こんなにおいしいものを食べたことはありませんね」とおっしゃったそうです。

宮内庁の係官がいないときを見計《みはか》らって感想を述べたのは、東宮御所の料理人に対する配慮もあったでしょうか。ささいなことですが、係官から料理人に美智子妃のお言葉が伝われば、料理人が気に病むかもしれません。そういうことにも細かい心遣いをなさるのは、さすがに美智子妃殿下だと私の友人は感心していました。

皇太子殿下はさらにもうひと口、漬物を召し上がろうとなさいました。しかし「殿下」、と美智子妃に止められたそうです。その代わり美智子さまは、「このお漬物をいただけませんか」と仰って、東宮御所にお持ち帰りになられたとのことでした。

美智子妃殿下のご実家は群馬県の館林です。那須とは場所が近いので、おそらくふるさとの漬物の味と似ていたのかもしれません。皇太子殿下も、戦争中は栃木県の日光に疎開された経験があります。田舎の漬物を召し上がられたこともあったでしょう。

おふたりにとって懐かしい味をお出ししたことが、喜んでいただけたいちばんの理由だったのでしょう。ホスピタリティとは、たとえばそういうことです。珍しいもの、高価なもの、凝《こ》ったものでもてなすことではありません。

この話に、私はとても感激しました。ネルー首相をもてなした際の私の提案にも通じるものがあるからです。わが学園で追求しているのも、皇太子ご夫妻がお喜びになったような、人を幸せにするホスピタリティです。そのことを、いつも生徒や学生たちに話しています。

†入学生に植樹をさせる理由

文理佐藤学園では、入学した生徒にクスノキを植えさせています。なぜクスノキだったのかというと、理由は三つあります。

ひとつは、前にもふれましたが、松下政経塾にクスノキの並木道があったことです。松下幸之助さんを尊敬している私が、オマージュをこめて、政経塾と同じようにクスノキを植えたのです。

二つ目の理由は、狭山地域では、クスノキが防風林として広く使われていたからです。この地域は、冬の間には、秩父の山々からの「秩父おろし」が吹き荒れます。強い寒風から家々を守るために、屋敷林としてクスノキを家の周囲に植えるのが、狭山地区の昔からのならわしでした。

三つ目の理由は、クスノキの樹齢《じゅれい》が長いことです。きちんと育てれば、クスノキは何百年と生き続けて、千年を超える樹齢を誇る巨木になることもあります。生徒たちの植えたクスノキも、やがて鳥や虫や植物をはぐくむ大樹となり、大きな森をつくることでしょう。

生徒たちには、自分が植えた木は自分で育てるように指導しています。植えた年の初夏には、毎日カップ一、二杯の水をやります。夏休みには学校に来て水やりをし、木の周りの草を抜きます。そうやって、自分の木に愛情を注ぐと、木は大きく育ちます。しかし世話を怠った木は、なかなか成長せず、枯れてしまうものもあります。

実は、クスノキはその生徒の人生を占ってもいるのです。クスノキを育てるように、自分自身も大切に世話をすれば、いい人生を送ることができるでしょう。若木《わかぎ》のうちに、適切なタイミングで水をやり、雑草を抜く。同じように人間の場合も、心身ともに一気に成長する青春期に、学問に没頭し、友情を知り、未来への希望を育まなければなりません。

文理佐藤学園の一角には、歴代の生徒たちが植えたクスノキが、すでに小さな森を形成しつつあります。この学園がずっと続いていけば、やがて何百年か後には、見事なクスノキが生いしげる豊かな森となるでしょう。

目先のお金や肩書は、その人間がいなくなれば、すべて後かたもなく消えてしまうほかないでしょう。しかしその人が後世に伝えた思いや、世の中に残そうしたものは、当人がいなくなっても、たとえば文理佐藤学園の森の中の一本の木となって残り続けるはずです。

私はそういう時、有名な劇作家だった井上ひさしさん〔昭和九年〔一九三四〕―平成二二年〔二〇一〇〕〕の『イーハトーボの劇列車』に出てくる、「思い残し切符」という言葉などを、ふと思い浮かべたりもするのです。「思い残し切符」とは、死にゆく人がこの世に残る人に思いを託す切符です。そう考えれば、人生に広がりが感じられて、いくらか愉快にもなるのです。

いつも私は生徒たちに、後世に残るような働きをしてほしいと願っています。天に向かって伸びようとするクスノキは、その思いを伝える象徴でもあるのです。

†美徳の基本は清潔と清掃

私は料理人として働いていたこともあって、清掃と清潔にはことのほか気をつかっているつもりです。それもあって文理佐藤学園の卒業生の中には、学生時代、私に髪形や服装のことでうるさく注意された思い出がある人もいるでしょう。

昔はその場で「髪を切れ！」と一喝して、髪を切らせたこともあります。また教室のすみずみまで注意深く点検し、清掃をやり直させたこともあります。そうした事情から、かなりこわい校長だと思われていたふしもあります。

なぜ清潔や清掃にこだわるのかというと、それが人間の基本だからです。人間の美徳にはいろいろありますが、清潔・清掃は基本中の基本です。いくら成績がよくても、だらしのない服装をしていたり、かばんの中が乱雑だったり、部屋がゴミだらけの人は、社会的に信用されません。だらしのなさが生き方にも出てしまうのです。

たとえば看護師や臨床検査技師の実習で、病院に行ったとします。そこでは、わずかな汚れが生命にかかわるのです。試験管を一〇〇本使ったら、一〇〇本とも等しくきれいにしなければいけません。これは医療従事者としてはあたりまえのことです。

身の回りの清潔や清掃は、毎日の積み重ねの現われでもあります。継続する努力ができる人は、小さな努力をコツコツ積み上げ、信用を築きます。反対にだらしのない人は、途中で投げ出してしまうことが多いので評価が得られず、成功にたどりつけません。

知人にそうした話をしていたところ、『平家物語』の中にも、壇ノ浦での平家滅亡の戦いの個所に、平知盛（平清盛の四男。壇の浦の戦いで入水）が最期にあたって、船を掃き清めたという記述があることを教えてくれました。

以前、どうしても掃除を怠ける生徒に対して、私は「雑巾」に「蔵」と「金」という字をあてて「蔵金」と教えたことがあります。「拭く」は「福」につながり、「蔵金であちこち福」と言い換《か》えてみたのです。清掃はそれくらい価値があるという意味です。

清掃も身の回りを清潔に保つ努力も、毎日続けるところに意義があります。それはやがて習慣になるでしょう。そして品性は、日常の習慣を通して現われます。服装、頭髪に気を配り、身の回りを清潔にしていつも清掃を心がける——それを毎日続けることによって人間は変わり、生活が変わります。環境が整うことで学力も向上し、人生が変わるのです。

†だるまに手足をつけた理由

私が描くだるまの絵は変わっています。だるまに手と足があるのです。ふつう、だるまに手や足はありません。これは達磨《だるま》大師というインドの高僧が、坐禅をしている姿を象《かたど》ったものに由来しているからです。達磨大師の坐禅をする姿が、手足のないだるまに見えたのでしょう。

また、だるまは底に重りを入れて重心を低くすることで、倒してもすぐに起き上がるようにつくられています。何度倒れても起き上がるので、運を開く縁起物としても扱われて

著者が描く「だるま絵」（『夢はあなたの手の中にある』佐藤英樹，PHP 研究所，2011 年）．

います。

　では、なぜ私は、だるまの絵にあえて手足をつけたのでしょうか。それは「転んだら起きろ！」という意味に加えて、手足を使って運命を切り開け、という思いもこめているからです。

　ただ起きるだけなら、ちょっとがんばればできます。でも、問題はそのあとです。起き上がったあと、どうやって自分の運命を切り開くのか。そのとき必要なのは手であり、足です。手を出したり、足を出したりしながら、自分の道を必死で切り開いていてほしい。その思いから、私は手足をつけたのです。

　手や足は、あらゆる手立てをつくすという意味です。受け身でいては、自分が思い描いているような道は見えてきません。こちらの道がだめだったらあちらの道を選び、それが間違っていたら、また別の道を探すというように、あらゆる可能性を検討し、ときには自ら切り開いて進んでいく。そうすれば、必ず自分の行きたい道が開けてきます。

私は、最初は「日本一の料理人」になる道をめざしました。そのうちに自分が料理人に向いていないことに気づきます。一度転んだわけです。そこから起き上がって、もう一度新しい道を探しました。手を出し、足を出し、あちこち紆余曲折を経ながらも、ついには小学校から大学までを擁する大きな学園をつくることができたのです。

転んで起きただけだったら、とてもここまでたどりつけなかったでしょう。手足のあるだるまは最強です。転んだら、起き上がる。起き上がるだけでなく、手を出す！　足を出す！　あらゆる努力の向こう側には、必ず成功につながる道が開けていると思うのです。

おわりに

新所沢駅近くにある「西武調理師アート専門学校」は、文理佐藤学園のいちばん最初の学校です。校舎の前に立つたびに、いつも開校当時のことがまざまざと思い出されます。建物そのものは、もう二度も建て替えられているので、誕生当時のおもかげはありません。周辺の風景もすっかり変わりました。それでも私にとっては、ひときわ愛着を感じる学校です。

この専門学校を第一歩として、文理佐藤学園は発展してきました。新所沢から狭山の広大なキャンパスへ、私の思いとともに当学園も大きくなりました。

学園を巣立っていった数多くの卒業生たちは、今や日本だけでなく世界のあちらこちらで活躍しています。そのための礎となった時間と空間を、この学園で提供できたというまぎれもない事実が、今の私を支えています。

とはいえ、私に残された時間は、もうあまり多くはないでしょう。けれども私は、生命の尽きる最期の時まで、自らの夢を体現しているこの学園のために尽力するつもりです。

今日もまた、昨日までと同じように、入間川のほとり、狭山の地にはさわやかな風が流れています。キャンパスを歩いていると、まるで私の身体を包んでくれるかのように、たくさんの生徒たち、学生たちの明るくほがらかな話し声や笑いが聞こえてきます。

この文理佐藤学園がいつまでも若者たちの夢の拠《よ》り所であることを願いながら、私のささやかな回想にひとまずピリオドを打つことにしましょう。

＊謝辞
本書を著わすにあたって、以下の方々に格別のご協力とご高配を賜りました。お名前を記して、心より御礼申し上げます。

細田義夫、澤田幸雄、伊藤邦義、加藤俊雄、真壁啓子、宮下元、田島峰人、辻由美子、湯原法史、八巻和彦、安達原文彦（敬称略）。


河川敷のすすきが銀色の海になる美しい季節に

佐藤英樹

跋――佐藤英樹の「教育」を読み解く

八巻和彦

本書の至る所にそのユニークさをほとばしらせている佐藤英樹という人物を、より立体的に理解してもらうために、彼を歴史的かつ社会史的な地図のなかに落とし込んでみたい。

佐藤自身も述べているように、彼は昭和一〇年（一九三五）に山梨県東部の小さな村である岩《いわ》手村《でむら》に生を享けた。その村は、山梨県と埼玉県と長野県の境となっている甲武信ヶ岳《こぶしがたけ》とその西隣の国師ヶ岳《こくしがたけ》に源を発する笛吹川が、その急流をもって甲府盆地の東端に流れ出る直前の、最後の流路の右岸側に位置している。

その村域のほとんどは、東を流れる笛吹川に向かって緩やかに傾斜している。平地に恵まれない岩手の地域は、日本の農業において伝統的に重視されてきた稲作に適する耕地の確保が容易ではなかったので、村人は年貢米を確保するために苦労してきたにちがいない。

この地が重要な意味をもつようになったのは、戦国時代の初めに武田家が甲斐全体の領有支配に手をかけ始めたとき以来である。武田信玄の祖父信縄《のぶつな》の弟縄美《つなよし》が、「岩手四郎」と名乗ってこの地を領有することになったからである。

武田家の次の宗主《そうしゅ》で信玄《しんげん》の父である信虎《のぶとら》は、甲斐全体の支配権を手中に収めた後、甲府市東方の川田から同市北方の躑躅ヶ崎《つつじがさき》に居館《きょかん》を移した。同時に彼は、その背後の守りを固めるために要害山《ようがいさん》に支城を築くと共に、岩手の地に、自身に謀反を起こしたために誅殺した叔父岩手縄美の子の信盛《のぶもり》をあえて配した。

それは、岩手の地が、武蔵や信濃から甲斐に通じる秩父往還の要路にあって、そこから西側の山中に入ると要害山を経て躑躅ヶ崎に通じる最短経路を提供したので、そこにはとりわけ忠誠心の高い臣下を配する必要があったからである。

佐藤英樹も、小学校の遠足の際にこの経路を徒歩で辿って、躑躅ヶ崎を見下ろせる場所まで行ったことがあるという。

岩手村は、笛吹川を挟んで対岸の塩山《えんざん》側が、笛吹川の扇状地として豊かな水田地帯を形成するのとは対照的であるだけでなく、笛吹川の同じ右岸側で、南にひと山越えた八幡《やわた》村と比べても狭隘な村である。それゆえに稲作を旨とする村としてではなく、武田氏を守護する武士団の村として成立したと推測される。

それは、村のほぼ中央西側に、岩手信盛が開基した信盛院《しんじょういん》という曹洞宗の大きな寺があることからもうかがわれる。また、江戸幕府の世となってからの貞享《じょうきょう》元年（一六八四）の検地でも、戸数六十戸、人口三四七人（そのうち男が二〇七人、女一四〇人）という記録が残っており（『東山梨郡誌』八二二頁、一九一六年）、小さくはあっても一村として存続してきていることからも推測される。

さらに以下の事実は、この村独特の誇り高さをうかがわせるに十分である。なぜなら、明治二四年（一八九二）の市町村制発布の際には隣の八幡村と「組合ヶ村となる」も、三年後には「八幡村との組合を解き独立村となり」と、同じ『東山梨郡誌』（八二二頁）に記されているからである。八幡村は岩手村よりも、面積、戸数、人口のいずれにおいて約四・五倍も大きな村であったが、それに合併されるのをよしとしない気風がこの村にはあったのだろう。

そして、この岩手氏に仕える有力家臣団として岩手の地に根を下ろした一族に、上野、山田等と並んで佐藤があったという。この佐藤一族の末裔の一人として、英樹はこの村に生まれたわけである。

さて、上述のとおり、岩手の地は米作に適していなかったので、江戸時代中期には早くも畑地を桑畑として利用する養蚕が盛んになっていたようだ。『東山梨郡誌』には「明和四（一七六七）年三月一九日朝大降霜あり、桑園の被害甚だし」とある。

明治の世になり幕府の規制がなくなった結果、岩手村でも、山梨県内の自然条件が類似した他の町村と同じく、養蚕への傾斜がいっそう進んだ。同じ『東山梨郡誌』には、大正五年（一九一六）当時のこの村のこととして、「主なる生業は農業にして、養蚕最も盛なり」と記されている。その理由は、首尾よく運んだ場合の養蚕は、当時の他の農業生産物とは比較にならないほど多くの収入をもたらしたからであるにちがいない。

より大きな背景としては、当時の日本の輸出産品の中心を生糸《きいと》および絹織物が占めていたゆえに、政府が養蚕を推奨していたという事実がある。よく知られているように、幕末から開国初期までは、生糸と絹織物が輸出産品の実に八割を占めていた。その後も、例えば明治一八年（一八八五）から大正二年（一九一三）までの二九年間で、日本の輸出の総額が一七倍に増えるなかで、生糸と絹織物が継続的に輸出額の四割弱を占めていたのである。

そして明治四二年（一九〇九）には、世界一の生糸輸出国にまでなっていた。つまり当時の日本は、アメリカを中心とする諸外国に生糸を輸出することで外貨を獲得し、それを使って兵器ならびに工作機械を輸入するという構造の中にあったのであり、それゆえに国家も富国強兵策を推進する柱として養蚕を大いに奨励していた。その結果、従来は東北を北限とする東日本にだけ行われていた養蚕が、この時代には西日本から九州にまで広がったのである。

ところで養蚕とは、高級繊維素材としての絹織物の原料を用意する産業である。絹の原料は生糸であるが、それは蚕《かいこ》が成虫になるために、蛹《さなぎ》としてこもる場である繭《まゆ》を形成する繊維から引き出されたものである。したがって、蚕がつくる繭の質が生糸の質を左右するが、繭の質は蚕の体調に左右される。その蚕の体調は、生育されている室温等の環境と共に、蚕の食料としての桑の葉の質にも左右される。

すなわち養蚕という営みには、桑という植物の適切な生産と、蚕という生き物の適切な育成という二つの作業が不可欠である。しかし二〇世紀前半までは、このいずれもが自然条件に左右されることが多かった。養蚕農家は桑の順調な生育を願いながら、蚕の健全な成長を維持するために、約三週間の昼夜にわたって蚕に細心の注意をはらわなければならなかった。養蚕は、極度に労働集約的な農業であった。

その上、桑の生育と蚕の成長のどちらに不具合が生じても、農家は多大な損害を被ることになった。養蚕農家のこのような苦労については、同じ岩手村出身の農民作家である中村鬼十郎（一九一二―一九九〇）の『傾斜地の村』に描かれている。

それに加えて、高級繊維としての絹の価格は、社会の景気の良し悪しに大きく左右され、それが養蚕農家の生産物である繭の価格にも反映してくることになった。

つまり養蚕は、桑と蚕と生糸の相場、それも海の彼方のアメリカ等における相場、という三要素のすべてが好条件で推移すれば大きな富をもたらすが、このどれかがうまく行かなければ、むしろ損害をもたらすという構造にあった。

蚕種（蚕の卵）の代金や、霜害《そうがい》や病害のために桑の葉が不足して買い入れざるをえなくなり、その代金が支払えないために土地を手放すことを余儀なくされたり、さらに小作として耕作している桑畑の小作料が払えなくなった結果、娘を低賃金の製糸工場で働かせざるをえなくなるという農家も続出した。山本茂実（一九一七―一九九八）のノンフィクション『あゝ野麦峠』（一九六八年）に活写されている通りである。

岩手村でも、この時代の養蚕は安定した生活のみを保証するものではなかったようだ。前出の『東山梨郡誌』によれば、「米国渡航者今や八十名を超え、小村に比し其数多き県下第一位なり。蓋し雄飛的思想に富める所以か、従って、富を郷に移す者、また少なしとせず」とある。同誌によれば、当時の岩手村の総戸数は二〇六戸であり、人口が一五〇六人であったから、八〇名超という渡航者数はかなり大きな数字であり、この事実は、この村での生活に行き詰まった家の数が多かったことを物語っている。

しかし英樹の祖父秀雄は、「米国渡航者」の中に入るのではなく、東京外国語学校に進んだ。武田時代以来、岩手村の有力な家として存続して明治の開国を迎えた佐藤一族には、この新たな時代に村人の生活を安定させようという責任感が存在したはずだ。さらには、社会全体の発展のために、自分が先頭に立って働けるはずだという自負心も息づいていただろう。それは晩年の秀雄が孫である英樹に対して、自分の経験をもとに言って聞かせた言葉からも裏付けられる。

そして祖父秀雄は、東に向かって笹子《ささご》と小仏《こぼとけ》という二つの峠を越えたところにある、八王子に製糸工場を設立した。当時、すでに岩手近くの平地である加納岩《かのいわ》や後屋敷《ごやしき》には製糸工場がいくつも操業していて、近隣産の繭はそれらの工場主に買い上げられていたはずである。

東京で学んだ彼は、そこで身につけた広い知見に立って、「桑都《そうと》」とも称されていた八王子には山梨県のみならず群馬県や長野県、それに埼玉県で産出された繭が集積されることを知っており、さらにそれを前提にして、製糸工場と絹織物工場も勃興しつつあることも見聞していたのであろう。

秀雄は自身が八王子で経営する製糸工場に、一族郎党をはじめとして、岩手の地元から多数の人を雇っていたであろう。それは、気心の知れた村人を雇用することで自らの経営を順調に進めるためであると同時に、出身地を経済的に潤すための策として、当時の日本における村の指導層の一般的な経営感覚であったからである。

このような成功のゆえに、財産にゆとりができた佐藤家には土地の集積が進んだであろう。「村の田畑の多くが佐藤家の土地だと聞いていた」という形の土地の集積は、同時に、養蚕の失敗による村人の窮乏化の結果でもあるとみることができる。

なぜなら戦前の農村社会には、特定の家に土地が集積されることになる、以下のようなメカニズムが働いていたからである。ある農民が農地を手放さざるをえなくなった場合、彼は当該の土地の所有権を売り渡しても、その農地を引き続き小作地として耕作できることを求めるのが普通であった。

同時に彼は、自身に経済的なゆとりが生まれた場合には、その土地を売値と同額で買い戻したいと考えて、そのような希望に応じてくれるであろう家に、つまりほとんどの場合が一族の中の豊かな家に、その土地を買い上げてもらうことを求める傾向があったのである。英樹自身も、「アメリカに行った人の家屋敷を引き取って増えた土地もあった」と筆者に語ったことがある。

経済的な成功者となった祖父秀雄は、甲州財閥と称された若尾逸平や根津嘉一郎らのように、自ら得た富を県外である首都圏に投資して、自身の財産をさらに増やすということを考えることはなかったようだ。彼はあくまでも、父祖の地である岩手の振興を自身の第一の責務だととらえていたらしい。

そして、そのための手段として、養蚕と製糸業の活用を考えたことがうかがえる。それは、彼が長男の達雄を山梨県立農林学校で学ばせて、山梨県立養蚕試験場に専門家として勤務するように導いたことが示している。

同時に彼は、村の子どもたちの教育条件を整えることも重視していた。そのことは、村に今でも残る岩手小学校が、明治八年（一八七五）の創立以来の地であった信盛院境内から現在地に移転・拡充されるに際して、その用地として自身の土地を寄付したことにも示されている。

父達雄は、英樹の言葉によると、祖父とは対照的な人物であったようだ。達雄の生涯の前半は、父の意向に従い、また父の威光に支えられながら佐藤家を守っていたが、英樹が七歳の時、すなわち戦中まっただ中に、妻を病いで失う。そこで彼は後妻を迎えて、六人の子どものいる家庭と佐藤家を維持しようとした。しかし、それから程なくして、日本の敗戦という事実が彼に重くのしかかることとなったのである。

村の有力者の一員として戦時体制を担っていた彼は、戦後、ＧＨＱによって「公職追放」（一般的には「パージ」と表現されるが、英樹は「パッジ」と言っている）の対象とされ（昭和二一年〔一九四六〕のGHQ令によるのか、翌昭和二二年〔一九四七〕のそれかは不明）、県職員に戻ることができなくなったのである。それに加えて、農地改革というGHQの政策によって、彼は佐藤家の農地を強制的にきわめて安い価格で手放さざるをえなくなった。

戦後の社会一般の混乱に加えて、職を失い財産の多くをも失うという荒波に遭遇した父達雄にとって、戦前の豊かさを体験していただけに、そのショックは大きかったであろう。そのような父の姿を、英樹たちは自らの境遇も変転する中で、じっと見つめていたにちがいない。その後の父達雄は、自宅で静かに日々を送りながら、九〇歳を越える生涯を閉じた。

他方、英樹たち佐藤家の子どもたちに対する村の子どもたちの姿勢にも、戦争直後の社会の変化と佐藤家の変転が影響を現わすことがあったようだ。「いじめられたこともあったよ」と英樹は言う。それは、特に敗戦直後の数年間に、おそらく日本中の村で見られたことであるが、一般の村人たちが敗戦前の村の指導層に対して（それの強弱には地域によって違いがあったようだが）批判的な言動を示すことがあり、それがしばしば子どもたちの態度にも反映したからである。岩手村でもそういうことがあったのだろう。

だから敗戦後の村の生活は、とりわけ一〇歳から一八歳という多感な時期を村で過ごした英樹にとって、いつも楽しいことばかりというものではなかったのだろう。彼は日川高校卒業と同時に東京に出るという選択をした。それは、幼い時に亡くなった母の「江戸の大学に行くためのお金はとってあるから、きっと大学に行きなさい」という「遺言」に従ったというのみならず、彼自身の当時の村での経験も、その決断の後押しをしたはずである。

自分の上に姉が三人と兄が一人いて、自分の下には弟がいるという英樹は、兄弟姉妹の全体から見れば、五番目の子であるが、男子だけに限定すると次男坊である。実際に彼は、東京に出てから、よく言われるような「次男坊らしさ」を全開させながら生きて、自らの地歩を固めていったようである。

それは例えば、服部栄養専門学校に行って、すぐに服部校長に気に入られたという「人懐っこさ」にも現われているし、服部栄養専門学校が休みの日には肉屋さんや米屋さんでアルバイトをさせてもらい、儲けの秘密を教えてもらったというエピソードにも現われている。

このような彼の「人懐っこさ」は、埼玉県の所沢という見ず知らずの土地で最初の調理専門学校を開いて、それを成功させる際にも大きな役割を果たしたことは言うまでもないだろう。本書では具体的には述べられていないが、臨床検査技師の専門学校の成功においても、単に防衛医科大学校の近くに土地を確保して開設できたというだけでなく、その防衛医大の先生たちに講師として来てもらえたということも、大きな役割を果たした。

それをつないだのは近藤陽一（現・専門学校統括校長）であるとのことだが、当初、近藤は防衛医科大学校の助手であったのに、英樹が懇願して自らの学校へ誘い、「右腕」としたのである。

英樹はまた、次男坊的な自由奔放さも持ち合せている。服部校長から「これからの調理は科学だから、大学に行くように」と諭されると、「調理物理学」が学べそうなお茶の水女子大学と日本女子大学に入学しようと考えて、願書をもらいに行った。当然のことながら、いずれの大学からも断られた。それが残念だったと英樹は言っている。しかし、そもそも男子であると自認している者のだれが、「女子大学」を自称している大学にあえて入学しようと考えるだろうか。

また、狭山の校地を確保するために、当時の狭山市長だった町田佐一に直談判に行った際には、そもそもほとんど講義を聞かずに卒業した東京農業大学の後輩と名乗って市長室に押しかけていったのである。普通は、市長をしている先輩ならば、しっかりと勉学をして卒業しているだろうと考えて、会うのにも引け目を感じてしまいそうなものだが、英樹にはそういうことはなかった。その奔放さと人懐っこさが市長を動かして、最終的には彼の意向が通るように市長が措置してくれたのである。

英樹の自由奔放さは、行動面に限られるものではない。彼の発想においてより顕著である。当時二二歳だった英樹は、国賓として来日するネルー首相をもてなす際の食事として、ネルーがケンブリッジ大学で学んでいた際に食べていたカレーライスを東京で再現して提供しようと、留学生先輩料理人を押しのけて提案した。彼自身は海外留学の経験があったわけではないのに、留学生が留学先で母国の料理を口にするという鮮烈な経験がもつ意味を想像して、それを日本訪問の際にネルーに体験してもらおうと考えたのである。

その上、この提案を披瀝したのは、佐藤が料理人としてレストランで働き始めてまだ数カ月しか経っていない時のことである。自身も「先輩がたをさしおいて、ずいぶん生意気なことを言ったものだと……」と吐露しているが、今から六〇年以上前の職場における上下関係を考慮すれば、実情はまさにその通りだっただろう。

さらにこんな例もある。文理中学校のイタリア研修旅行の際に、生徒たちにローマ教皇謁見の機会を用意してやろうと佐藤は考える。「世界の一流の人に会わせてやりたい」と考えたときに、ローマ教皇のことを思い浮かべるのもすでに十分に奔放であるが、それを実現するために、彼はカトリックとまったく縁のない自分の中学校の生徒を四〇〇年以上前の天正遣欧少年使節団になぞらえながら、謁見を求める依頼状を認《したた》めたというのである。

この時、佐藤はすでに六〇歳になっていたのであるから、若さゆえの向こう見ずというのでは説明できない奔放さを認めないわけにはいかないだろう。

このような佐藤の、「次男坊だから」と言って済ますことのできないほどの、むしろ或る意味では常軌を逸しているとさえ言えそうな自由奔放さは、人によっては無礼と受け取られることも少なくなかったはずだ。

その場合には、当然のことながら彼の願いは実現されなかった。しかし、そのような負の経験にめげる彼ではなく、「転んだら、手を出せ！　足をだせ！」という佐藤流のだるま絵の通りに努力を続けてきたのである。

こうして、幾つかの例に明らかなように、人懐っこさと自由奔放さが、彼の発想と行動力の主軸となっていて、それが現在のような文理佐藤学園につながったととらえることができるだろう。

ここで改めて佐藤英樹について、一代で専門学校から小学校、中学校、高等学校、そして大学までを創立してきた人物という視角から考察してみたい。すると、彼には教育者と、語の本来の意味でのエンターテイナーと、起業家という三つの人格が同居しているように筆者には思える。

大小八つの学校を設立してきた彼を教育者としてとらえることは、至極当然のことであろう。実際に彼は、八七歳になった今も、日夜、教育のことばかり考えている。教育に思いを馳せるのは、彼にとってほとんど呼吸をするのと同じほどに自然のことであると同時に、むしろ彼が生きるために必須のことでもあるようだ。

しかし、「教育者」という一般的なカテゴリーに彼を位置づけると、何か収まりの悪さを感じざるをえない。こう記すと、過去五〇年近くにわたって、諸々の学校を設立した上に、それらの教育機関において長を閲歴してきた彼について、どこに収まりの悪さがあるのか、という疑念を抱く向きもあるだろう。

その収まりの悪さの源を考えてみると、彼からは伝統的な教育学の理論や教育者の名前が語られることがほとんどないことに思い至る。彼が口にした教育者の名前は、筆者の記憶が正しければ、わずかに玉川学園の創立者である小原國芳《おばらくによし》（一八八七―一九七七）だけである。それも、理想としての玉川学園という形での言及でしかない。

一般に教育者は、まず自分の理想とする世界像や人間像があり、それの実現のためにはこのような人材を育成する必要があり、その人材育成のためにはこれこれの学校・教育機関が必要である、という形で語る。つまり理論が先行し、学校を運営するに際してもそれが並行するものである。

だが佐藤は、少なくとも筆者が知っている限り、そのような語り方をすることはない。彼の教育に理論があるとすれば、それは、誰かの著書から引き出したものではなくて、自身の経験から導き出し、それを実践の場において展開したものである。それは八七歳になった今も、同じように展開されつつある。例えば本書の中で、スケートボードについて熱く語っていることが示している。

伝統的な教育者がまず理論の人であって、同時にその多くが静の人であるのに対して、佐藤は正反対に、まず実践の人であり動の人である。だから彼にはいわゆる「先生臭さ」がない。高校を開設してからずっと、晴れの日も雨の日も、さらに雪の日でさえも、毎朝ほうきをもって校門付近を掃除しながら、登校して来る生徒たちを待っている。生徒たちが校門を入ってくると声をかける。問題を抱えていそうな生徒には、手を握りながら励ます。そういう校長であった。まさに動の人であったのだ。

このような先生臭くない校長先生のゆえに、佐藤は生徒たちに人気を博した。今でも彼がキャンパス内を歩く姿に出会うと、授業中の生徒たちが教室の窓から手を振ってくるのである。そしてそれは、彼にとって無上の喜びのようだ。

では、佐藤はそもそも教育の目的をどう考えているのであろうか。彼の設立した小学校では、「英語のシャワーで世界のトップエリートを育てる」と謳い、中学校と高等学校では「レディー&ジェントルマンのための中高一貫エリート教育」を目的として掲げている。彼においてそのことに嘘があるわけではないだろう。

しかし、だからといって彼が、「エリート」になりうる児童・生徒だけを自身の学校に入学させて、そのように教育することにのみ意義を見出しているわけではない。もしそうであれば、彼はとうの昔に、例えば中学校と高等学校の運営が軌道にのった段階で、専門学校の経営をやめていたはずだ。日本の教育の現状においては、ことの善し悪しは別として、専門学校は「エリート」教育とは関係のない世界に位置付けられているからである。

しかし彼は、自身の学園の発祥の地である所沢に三代目の校舎をもって、今なお西武調理師アート専門学校を運営しているのみならず、それに加えて三つの専門学校を所沢と都内で運営しているのである。

さらには、四年制大学を平成一一年（一九九九）に設置したことも、「エリート」教育だけを目的とするのであれば、合理的な判断とは言えない。大学の社会的評価は、卒業生の社会的な活躍によって定まるのであり、それには設置後何十年もかかるはずだからである。その点は、高等学校の社会的評価がほとんどの場合、いわゆる「有名大学」への合格率で定まるのとはまったく異なるのである。この大学設立に際して佐藤が構想したことについては、後に言及することにしよう。

では、彼が考えている教育の目的とは何であるのだろうか。それは、児童、生徒、学生の各自が必ずもっているにも拘らず、実際に開花させられていない能力を開花させることだ、と考えているように思われる。本書の末尾近くで「人間にはみな生まれ持った能力がある」と彼は述べているが、それを開花させるために、自分の学校のだれに対しても「夢を忘れないで」とか、「やればできる　できる　できた　態になる」などと呼びかける自身の肉筆の掲示物を、どの校舎内にもかかげているのだろう。

このようなことを教育の目的とするのは、佐藤自身の経験に基づいてのことだと思われる。それは、この書物で彼の半生の歩みをたどるわれわれには納得できることである。実際に彼自身も、この書物となる前の原稿を読み返しては、「自分の人生の歩みが一直線ではないことがよく分かった」と述懐していて、本来的に開花させるべき自身の能力の発見までに時間がかかったことを、よく認識しているのである。

実は、佐藤のこのような思いと経験をあたかも言い表わしているかのような、他の人物の言葉がある。「役にたたない人は一人もいないこと、いかなる人も役にたつことを銘記すべきである。問題は、それぞれの人が何に役立つかを見つけることにある」。この言葉は、佐藤がその作品を見るなり強く魅せられ、スペイン政府公認のレプリカ一式を取得した、あの天才・ガウディの言葉である。佐藤がガウディのこの言葉を事前に知っていた様子はない。しかし彼は独特の直感で、ガウディにどこか通じるものを感じたのであろう。

佐藤英樹という人物を構成している第二の要素は、語の本来の意味でのエンターテイナーであるということである。

英語の entertain という語は、辞書によれば「（客を）歓待する」、「（余興などで人を）楽しませる」とか「（申し出、提案、意見を）受け入れる」というような意味をもっている。こういう意味をもつ動詞を実行する人がエンターテイナーなのである。

そして、佐藤がその定義にふさわしい人物であることは、本書の随所に読みとれるだろう。例えば東京農業大学の学生時代に、試験対策用にノートを借りるべく学友を夜の服部栄養専門学校に招いて、腕をふるった料理を食べさせたというエピソードがある。これも元来、彼が歓待を自身の喜びにしていたからに違いない。また、狭山のキャンパスを造成するに際してお世話になった細田氏には、今でも旅行に行ったときには必ずお土産を届けている、とも述べている。

この点に関わる数々のエピソードの中で、筆者にとってもっとも印象的なものは、肝臓を病んでいた母親にしじみ汁を呑んでもらうために、七歳の英樹が山奥の冷たい湧き水の中で必死にしじみを探したという話である。英樹の採ってきたしじみで作ったしじみ汁を、病身の母親が「おいしい、おいしい」と言って、お代わりまでして飲んでくれたという。

幼いわが子が自分の病気が治るようにと、しじみを採ってきてくれたという事実に接したときの母親の喜びが、どれほどに大きかったかは想像に難くない。同時に、病いで弱っている母が、自身の行為によって喜んでくれている姿を目の当たりにしたときの彼の喜びと満足感が、どれほどのものであったかも、われわれは容易に想像できるはずだ。もしかすると、これが英樹のエンターテイナーとしての原体験なのかもしれない、とさえ思えるのである。

このような、人に喜んでもらうことを自分の喜びとするという彼は、一般的な日本語の用法での「エンターテイナー」という側面をもっている。例えば食事のテーブルの上で、目の前にある材料を活用してちょっとした手品を披露して周りを喜ばせることもある。そればかりか、自分の設立したそれぞれの学校の式に参集している児童、生徒、学生を前にして、アッと驚かせるようなパフォーマンスを披露することもある。佐藤発案の「ガッテン節」というものがそれの最《さい》たるものである。彼は自ら、落語家の話し方や歌舞伎役者の振る舞いを見習っているところもある、と語っているのである。

自身のこのような考えを、佐藤は最初に開設した専門学校の学生たちにも共有させるべきだと考えた。人に喜んでもらうことを自分の喜びとする料理人にならねばならない、という心構えを調理師をめざす者たちに説いた。そして、それを身につけさせるために、彼は毎朝「オアシスにホウレンソウを育てよう」という行動を実行させた。それは学校創立以来、現在に至るまで継続されているのである。

このような佐藤の生き方の理想は、じつは彼の教育目標ともつながっているのではないかと思われる。先に記した「児童、生徒、学生の各自が必ずもっているにも拘らず実際に開花させられていない能力を開花させる」ということが実現されれば、当の本人が喜ぶのはもちろんのことであるが、その喜ぶ姿が佐藤の喜びにもなるのである。

この喜びをさらに深く考察してみれば、東京大学に合格した高校の生徒の喜びでも、資格試験に合格した専門学校の学生の喜びでも、その喜びの大きさは当人にとってはもとより、佐藤自身にとっても違いはないのである。このような喜びを生まれさせ、自身も共にそれを実感するために、彼は教育に力を注いできたのであろう。

当人を喜ばせることが自分の喜びにつながるという回路は、今もなお佐藤の中にふつふつと煮えたぎっているようで、最近では学校にスケートボード場をつくって、誰でもが自由に練習できるようにしてやりたいと熱く語っている。そうすればどんな子どもでも学校に来るのが楽しくなるに違いないし、その結果として、世界で輝くスケートボード選手が出たらどんなに素晴らしいことだろう、と言うのである。

そして、自身のもつこのエンターテイナーの要素を、理論的に裏付けてくれると直感したのが

「ホスピタリティ」という概念であったようだ。彼は自身がこの概念に初めて出会ったのは学生時代のことであったと述べているが、それは彼の記憶違いのようだ。彼の指示している場所には確認できてはいない。しかし、「ホスピタリティ」という概念に若き佐藤がいたく感激し、それを大事にしてきたことは事実である。

西武文理大学の設立申請中に刊行した訳書『ホスピタリティってなんじゃ』(Tom Powers 著、佐藤英樹・金田誠共訳、弘学出版、一九九八年)の「はしがき」において、佐藤はこう記している。

「温かい心、思いやりの心、人々の幸せに奉仕するサービスの心、そのサービスを学問として学び、実践し、指導者となるプロフェッショナルを育てたい。そのような大学を日本につくりたい。これは、私の長い間の念願でありました。……そして今、本学園は新たに二十一世紀の真のサービス経営を創造する西武文理大学を開学しようとしています。二十一世紀の真のサービス経営とは何か。その原点はどこにあるか。私は人を思いやるホスピタリティの心に原点があると考えています」。

この数カ月後に大学の設置認可がおりて、ついに佐藤は長年にわたる念願を叶えた。

佐藤英樹という人物を構成している第三の要素は、起業家という側面である。彼自身も自分のことを「おれは時代の先を読んで事を展開する事業家という面がある」と述べている。しかし最近の用語法でみれば、佐藤のように、何もないところに新たな学校という事業を、それも自分自身が考え出した独特の構想に基づいて展開してきた人物は、〈起業家〉entrepreneurとしてとらえる方が適切であろう。

実際に彼は、たえず新たなことを自分で考えだしては、それを実現してきた。例えば最初の調理専門学校を設置した際の運営が独創的である。料理をサイエンスとしてとらえて教育を実施するだけでも、当時としては十分に独創的であるが、同時に小さな食堂を経営して、サイエンスとして調理した料理を実際に食べてもらったり、料理講習会も開催したりして、学生集めをしたというのである。

さらに、この学校の近くに防衛医科大学校が設置されると聞くと、すぐに医療関係の専門学校を設立して、そこには防衛医大の教授陣に講師として来てもらうことを構想する。佐藤自身には、医療関係の予備知識がいっさいなかったにも拘らずである。

それは、日本の経済成長によって医療分野の経済規模が大きくなり、その関連分野の専門家の需要が高まることを見越しての動きであった。その学校でも「オアシスにホウレンソウを育てよう」を忘れることなく実践することで、評価の高い臨床検査技師を育成した。

西武文理大学という四年制大学を設立したことにも、まさに佐藤の起業家的側面が如実に現われている。若き佐藤を感動させた「ホスピタリティ」という概念を、教育の最高段階である大学において日本で最初に実践して、それを身につけた人材を社会に送り出そうという構想である。

日本の産業構造が第三次産業中心へと転換しつつある状況の中で、人と人とのよりよい関係を成立させることが重要だと考えたわけである。その際に、彼は大学の設置申請の初期段階では「ホスピタリティ経営学部」という名称の実現を望んだが、文部省からは認められず、「サービス経営学部」という現状の名称にせざるをえなかったことは、本書に記されている。

しかし、「転んだら手も出し足も出す」佐藤は、大学名の英語表記の中に「ホスピタリティ」の語を入れてしまった。Bunri University of Hospitality という表記を文部省に認めさせたのである。これは日本では唯一の例である。そして、この視点からの大学教育のゆえに、開学からほどなくして、卒業生がサービス産業の世界において高い評価を受けるようになったのである（左頁は文理佐藤学園を構成する各学校の所在地）。

教育者でありエンターテイナーであり起業家である佐藤の夢は、満八七歳になってもとどまることを知らない。昨令和三年（二〇二一）夏の東京オリンピックにおいて、日本の少年少女がスケートボードで大活躍したことに刺激を受けた彼が、スケートボード場を設置して、子どもたちに学校に来るのが楽しみになるようにしてやりたいと考えていることには、既に言及した。

さらに本年の四月下旬に、「さいたま市内の小中学校の不登校の子どもの総数が二七〇〇人を超える」というニュースに接した彼は、不登校の子どもたちが楽しく学べる学校を作ろうと言い始めている。その際に彼はこうも語る。この子どもたちは「不登校」という独特の能力、親から言われても先生から言われても学校に行かないという強固な能力をもっているのだから、こうい

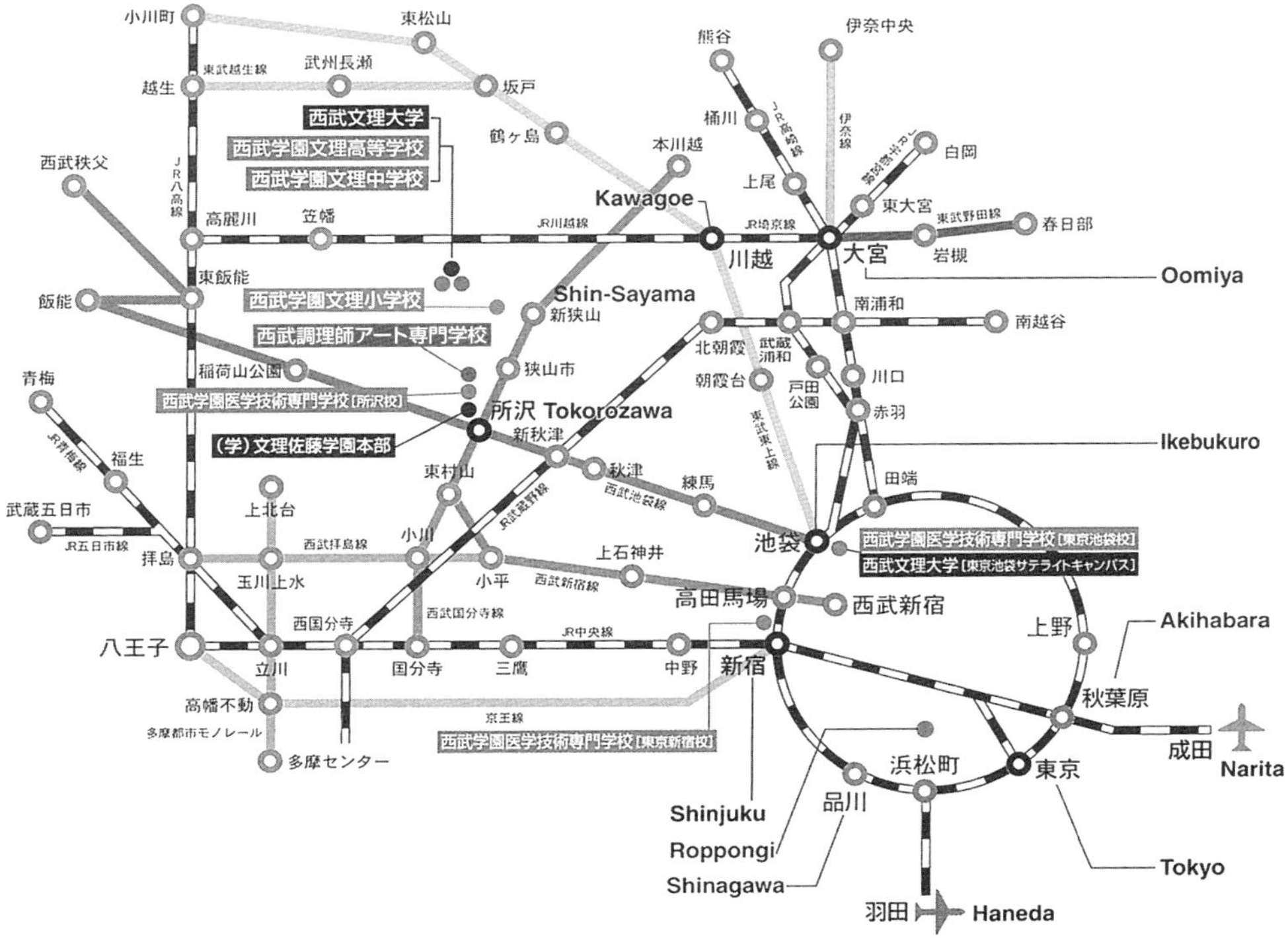
西武文理大学
西武学園文理高等学校
西武学園文理中学校
西武学園文理小学校
西武調理師アート専門学校
西武学園医学技術専門学校［所沢校］
（学）文理佐藤学園本部
西武学園医学技術専門学校［東京池袋校］
西武文理大学［東京池袋サテライトキャンパス］
西武学園医学技術専門学校［東京新宿校］
所沢 Tokorozawa
Shin-Sayama
Kawagoe
川越
大宮
Oomiya
Ikebukuro
池袋
新宿
Shinjuku
Roppongi
Shinagawa
品川
浜松町
東京
Tokyo
秋葉原
Akihabara
上野
成田
Narita
羽田
Haneda
高田馬場
西武新宿
八王子
小川町
東松山
越生
武州長瀬
坂戸
鶴ヶ島
本川越
西武秩父
高麗川
笠幡
東飯能
飯能
稲荷山公園
狭山市
新狭山
新秋津
秋津
練馬
東村山
小川
小平
上石神井
青梅
福生
武蔵五日市
拝島
上北台
玉川上水
西国分寺
国分寺
三鷹
中野
立川
高幡不動
多摩センター
熊谷
桶川
上尾
伊奈中央
白岡
東大宮
岩槻
春日部
南浦和
南越谷
北朝霞
武蔵浦和
朝霞台
戸田公園
川口
赤羽
田端
東武越生線
JR八高線
JR川越線
JR埼京線
JR高崎線
伊奈線
東武野田線
東武東上線
西武池袋線
JR武蔵野線
西武拝島線
西武新宿線
西武国分寺線
JR中央線
JR青梅線
JR五日市線
京王線
多摩都市モノレール

う子どもたちの中には、将来ノーベル賞をもらうことになるような才能をもった子どもたちがいるはずだ、私は残りの人生を、この子どもたちの教育にかけたい、と。

最後に、佐藤英樹の畢生《ひっせい》の事業の偉大さを前提にした上で、彼の学校運営における問題点にも少し触れておこう。その第一は、自身が先頭に立ってすべての学校運営を行ってきたために、卒業生の力を借りるということに目が十分に向けられないままとなっていることである。具体的に言えば、四万五〇〇〇人に及ぶ同窓生への呼びかけが不足していて、同窓会というものがほとんど機能していない。宝の持ち腐れとなっているのである。しかしこれは、私立の学園としてはありえないことである。

第二は、学習塾を巡るなどの個別的な働きかけによって、学園への応募者を確保できるという佐藤の信念が、情報伝達のフラット化と個別化が進んでいる現代社会とはそぐわなくなっていることである。逆に言えば、学園においていかなる教育が行われているかが、ホームページやSNSなどで日常的に、保護者や将来の保護者に対して広く分かりやすく発信されていることが肝要なのだ。その際には、上述の卒業生の活躍の情報も重要な役割を果たしうるのである。

第三に、日本で唯一のホスピタリティ教育をする大学として発足した西武文理大学において、佐藤が「研究よりも教育を重視する」と力説し過ぎたことによって、ホスピタリティ教育の内容をたえず更新しさらに充実させるための研究体制が不十分なままに、創立二十五周年を迎えようとしていることである。
高校までとは異なり、大学には文部科学省による検定済みの教科書はなく、何をいかに魅力的に教えるかは、大学自身において決めねばならない。そのためには社会状況の変化も視野に入れつつ、その教える内容をたえず研究し続けなければならないのである。
西武文理大学のほとんどの教員は一所懸命に学生の教育に取り組んでいる。その教育面での努力が研究面に反映された上で、それが再度、教育の場へと還元されつつ、同時に大学における活動内容が広く社会に発信され続けるというように、循環する回路が必要なのである。この問題を克服することについては、この四月から学長職を引き受けている筆者自身の責務も大きいことはいうまでもない。

以上に指摘した文理佐藤学園の運営の現在における問題点は、けっして佐藤個人の責任とだけ言って済ますことができないのはもちろんである。社会と時代が、かくも自由奔放に発想し行動してきた彼をさえも超える速さと規模で動いているということである。そして、このことは佐藤英樹本人も十分に認識しているであろう。だからこそ彼が、この六月三〇日をもって理事長職を退き、甥の安達原文彦に次の理事長職を委ねたに違いない。新理事長が構想する新たな学園像を刮目して待ちたい。

（二〇二一年七月二一日、擱筆）

●参考資料

椎名慎太郎「甲州人の県民性と政治風土」（山梨学院大学リポジトリ　二〇一八年）
『世界大百科事典』第二二巻「農業」の項、第二九巻「養蚕」の項（平凡社　一九九〇年）
鳥居徳敏『建築家ガウディ全語録』（中央公論美術出版　二〇〇七年）
中村鬼十郎『傾斜地の村』（アジア青年社　一九四三年）
中村鬼十郎『蒼白いヒロイズム』（郷土社　一九三六年、復刻版：山梨市革新懇　一九八九年）
農林省蚕糸局技術改良課『土地利用と養蚕業』（「蚕糸経済研究」資料No. 21, 1958, 3. 10、一九五八年）
『東山梨郡誌』（山梨教育会東山梨支会　一九一六年）
『山梨県姓氏歴史人物大辞典』（角川書店　一九八九年）
『山梨市史　通史編』下巻（山梨市　二〇〇七年）

＊なお、山田勝彦氏（旧岩手村出身、元山梨日日新聞社重役）には、数度の電話によって岩手村のことについて有益な御教示を賜った。ここに記して謝意を表したい。

（西武文理大学学長）

私と学園の略年譜

一九三五年（昭和一〇年）

6月　佐藤達雄の三男として山梨県岩手村に生まれる。

一九五四年（昭和二九年）

上京する。

一九五五年（昭和三〇年）

4月　服部栄養専門学校へ入学し、のちに化学実験室助手となる。

一九五六年（昭和三一年）

4月　東京農業大学（農学部農芸化学科）入学。

一九六〇年（昭和三五年）

3月　東京農業大学を卒業する。

4月　服部栄養専門学校の栄養化学担当講師となる。

一九六二年（昭和三七年）

1月　卜部富美子と結婚する。

一九六六年（昭和四一年）

4月　西武栄養料理学院を所沢市に創設し、初代学院長に就任する。第一回入学式（186名）。

一九六七年（昭和四二年）

西武栄養料理学院「拝島校」を開院し、東京都に進出する。

一九六九年（昭和四四年）

4月　西武栄養料理学院「拝島校」に調理師養成講座を開設。

11月　第一回調理師養成講座の卒業生全員が、調理師国家試験に合格する。

一九七〇年（昭和四五年）

4月　西武栄養料理学院「荻窪校」を開院。

一九七二年（昭和四七年）

4月　厚生大臣認可の西武調理師専門学校を所沢に創設し、初代校長に就任する。第一回入学式

（34名）。
一九七三年（昭和四八年）
　3月　西武調理師専門学校の第一回卒業式（34名）。
　調理学科卒業生が第一号店を開く。
一九七四年（昭和四九年）
　奉仕活動の第一歩として、養護施設「秩父学園」を訪問する。
一九七五年（昭和五〇年）
　3月　学校法人「西武学園」が設立認可され、初代理事長に就任する。
　4月　西武学園西武調理師専門学校「上福岡校」を開校し、第一回入学式（75名）を行う。開校式では学園歌が披露された（佐藤英樹作詞、難波利夫作曲）／養護施設「ホザナ園」と「岩槻学園（現・いわつき）」を訪問する。
　8月　第一回海外研修旅行（ホンコン、マカオ）。
一九七六年（昭和五一年）
　3月　「上福岡校」第一回卒業式（68名）。調理学科「新所沢校」が専修学校として認可される。
　5月　第一回クリーンキャンペーン（長瀞の岩畳の清掃）。
一九七七年（昭和五二年）
　6月　第二回クリーンキャンペーン（以降、毎年実施）。
一九七八年（昭和五三年）
　4月　西武学園医学技術専門学校（栄養学科・臨床検査学科）を所沢市に開校し、第一回入学式（121名）を行う。
　5月　開校式。
一九七九年（昭和五四年）
　6月　埼玉の川をきれいにする県民運動への尽力に対して、県知事より感謝状。
一九八〇年（昭和五五年）
　6月　第八回自然環境美化運動への協力により、県知事より感謝状。
一九八一年（昭和五六年）

4月　[高]普通科と、県内初の理数科を併設した西武学園文理高等学校を開校し（新入生264名、教員21名）、初代校長に就任する。
6月　[高]24日を開校記念日と定める。
佐藤校長が専修学校協会より表彰される。
10月　[高]第一回体育祭（以降、毎年開催）。
11月　[高]校舎落成。
埼玉県長瀞町川をきれいにする県民運動への貢献により、シラコバト賞を受賞する。県民運動推進協議会会長（県知事）から表彰される。
12月　学校法人「西武学園」を改め「文理佐藤学園」を設立し、引き続き理事長を務める。
一九八二年（昭和五七年）
4月　[高]第二回入学式（263名）。
6月　[専]埼玉県民運動のクリーンキャンペーンを実施。
9月　[高]埼玉県で初めての第一回海外研修旅行（タイ。以降、一九八五年まで毎年実施）。
11月　[専]長瀞岩畳美化運動への尽力に対し、長瀞町長より感謝状を授与される。
一九八三年（昭和五八年）
1月　[高]第一回スキー教室を開く（長野県志賀高原。以降、一九九五年まで毎年実施）。
4月　[高]第三回入学式（三期生490名を迎え、全学年が揃った）。
5月　[専]クリーン埼玉県民運動への協力に対して、長瀞町長、埼玉県環境部長より感謝状を授与される。
6月　周辺地域社会の環境美化に尽力した功績に対し、埼玉県知事から表彰される。
11月　[高]第一回若光祭（文化祭。以降、毎年開催）。
一九八四年（昭和五九年）
3月　[高]第一回卒業式（228名）。
4月　[高]英語科を増設し、外国人教師を採用する。第四回入学式（761名）。
6月　[専]長瀞でのクリーンキャンペーンを飯能河原に変えて活動する。

9月　［専］献血事業への尽力により、所沢市長より感謝状を授与される。
10月　［専］西武学園医学技術専門学校の2号館（新館）完成。
11月　［高］「瞑想の広場」完成。
一九八五年（昭和六〇年）
3月　［高］第二回卒業式（236名）。
4月　［高］第五回入学式（790名）。
6月　［専］三科合同のつくば科学万博見学。
一九八六年（昭和六一年）
3月　［高］第三回卒業式（468名）。
4月　［高］第六回入学式（535名）。
7月　［高］海外語学研修を始める（カナダ、アメリカ。以降、毎年実施）。
8月　［高］第五回海外研修旅行（ハワイ。以降、一九八八年まで毎年実施）。
9月　［専］上福岡校のレンガ造り校舎への改装工事。
一九八七年（昭和六二年）
3月　［高］第四回卒業式（726名）。
4月　［高］第七回入学式（666名）。
6月　［高］第七回体育祭（10月から6月に変更。以降、毎年開催）。
7月　［専］海外研修旅行（台湾、122名）。
一九八八年（昭和六三年）
3月　［高］第五回卒業式（756名）。
4月　［高］第八回入学式（780名）／［短大］文理情報短期大学（経営情報学科）を開学する（191名。初代学長＝杉二郎）。
5月　［専］三科合同のさいたま博覧会見学。
7月　［短大］第一回カナダ語学研修（149名）。
8月　［高］イングリッシュ・サマーキャンプ開始（以降、毎年開催）。
9月　［専］新所沢校の校舎を改築する。
12月　［専］海外研修旅行（ロンドン、パリ、ウィーン）。
一九八九年（平成元年）
3月　［専］調理師法施行三〇周年記念全国大

会で理事長が表彰される／［高］第六回卒業式（520名）／［短大］第一回企業研修（69名）。
4月 ［高］第九回入学式（679名）。タイから留学生を受け入れる／［短大］第二期生入学式（195名）／［専］西武学園西武調理師専門学校の調理学科に高等課程（三年制）が開設される。
5月 ［専］三科合同で横浜博覧会見学。
7月 ［高］海外語学研修（カナダ、アメリカ、イギリス。以降、一九九〇年までは、研修先にイギリスを追加して毎年開催）／［短大］第二回カナダ語学研修（157名）。
8月 ［高］第八回海外研修旅行（オーストラリアのカウラ市に桜を植樹する〔以降、一九九二年まで毎年実施〕）。
12月 厚生大臣より調理師養成の功労者として表彰される。
一九九〇年（平成二年）
3月 ［短大］第一期生卒業式（188名）。第二回企業研修（66名）／［高］第七回卒業式（653名）。
4月 ［高］第一〇回入学式（654名）／［短大］第三期生入学式（195名）。
7月 ［高］一〇周年記念の芸能鑑賞会／［短大］第二代学長＝稲田獻一。第三回カナダ語学研修（86名）／［専］年三回の海外研修旅行（7月＝台湾、8月＝オーストラリア、12月＝ヨーロッパ）。
10月 ［専］創立二五周年記念式典／［高］創立一〇周年記念式典。
一九九一年（平成三年）
3月 ［高］第八回卒業式（771名）。
7月 ［高］海外語学研修（アメリカ）。
一九九二年（平成四年）
3月 ［高］九期生のとき、開校以来の目標だった東京大学合格を達成する（現役4名）。
一九九三年（平成五年）
4月 ［短大］文理情報短期大学第三代学長に就任する／［中］西武学園文理中学校を開校し、初代校長に就任する。第一回入学式（121名）。
5月 ［中］スポーツ大会開催（以降、毎年開催）。

7月　［中］第一回文化教養セミナー（以降、毎年開催）。樹徳の会（中学保護者の会）発足。

8月　［高］第一二回海外研修旅行（ワシントンD.C.。以降、二〇〇一年まで毎年実施）。

9月　［中・高］第一一回若光祭（中・高合同の文化祭を以降、毎年開催）。

調理師養成に二〇年以上携わった功績を認められ、全国調理師養成施設協会会長から表彰される。

一九九四年（平成六年）

3月　［中］バーベキュー大会（以降、毎年開催）。

4月　［専］調理学科高等課程が向陽台高等学校と技能連携を結ぶ。

6月　［中・高］第一四回中・高合同体育祭（以降、毎年開催）。

7月　［中］奈良・京都研修旅行（以降、毎年実施）。

8月　［中］学内ホームステイを始める（以降、一九九九年まで毎年実施）。

10月　［専］一般人も対象にした公開講座（「元気がでる健康医学講座」）を設ける。

12月　［中］餅つき大会実施（以降、毎年実施）。第一回スキー教室を始める（長野県志賀高原。以降、毎年開催）。

一九九五年（平成七年）

4月　［中］西武学園文理中学校を増築する／［高］第一五回入学式（636名）。

6月　［中］部活動開始。

7月　長年にわたって専修学校教育の発展に尽力した功績を認められ、全国専修学校各種学校総連合会会長から表彰される。

8月　［中］第一回海外研修旅行（ローマ、フィレンツェ、ベネチア。バチカンではローマ教皇謁見式に参列する。以降、二〇一五年まで毎年実施）。

9月　［専］管理栄養士国家試験向けの対策ゼミを開く。

12月［中・高］高校第一三回、中学第二回スキー教室（高校だけでなく中学も含む行事として行う。以降、毎年開催）。

一九九六年（平成八年）

3月［中］第一回卒業式（120名）。

10月［専］文理エクステンション（健康料理教室）を開く（以降、毎年開催）。

一九九七年（平成九年）

宝田明主演ミュージカル「one step to musical」が、本学園のために所沢市民文化センターで三回公演される。

5月［中・高］芸術鑑賞会を開催する（以降、毎年開催）。

8月［中］第一回イングリッシュ・サマースクール（以降、毎年開催）。

9月［専］栄養学科による臨床検査学科対象の頭脳食実習。

10月［専］一般向けの「にこにこ健康大学」を開校する。専門学校合同の第一回学園祭を開く。


11月［高・専］文理ウォーク80km（文理発〜葛西臨海公園）を開催する。

一九九八年（平成一〇年）

4月　狭山市に文理総合学習センターをオープンする。

6月　栄養士の養成に二〇年以上携わった功績が認められ、全国栄養士養成施設協会会長から表彰される。

10月［専］文理健康ウォーク20kmを開催する。

11月［中］校内の英語スピーチ&レシテーションコンテストを行う（以降、毎年実施）／［専］一般向けの「いきいき大学」を開校する。

一九九九年（平成一一年）

4月［大］日本初のホスピタリティ教育の学府として、文理情報短期大学を改組転換したうえで西武文理大学サービス経営学部を開学する。初代学長に就任。

7月［高］英語科一年生を対象にしたオーストラリアでの第一回短期語学研修（以降、毎年開催）。
　10月　［高・専・大］第二回文理健康ウォークを開催する。
　11月　［専］一般人を対象にした「所沢・市民大学」を開校する（以降、毎年開催）。
二〇〇〇年（平成一二年）
　1月　［大］情報マガジン『アルクトス』創刊。
　3月　［短大］文理情報短期大学最後の卒業式／［専］西武学園西武調理師専門学校を西武文理大学附属調理師専門学校に校名変更する。
　6月　［高］高等学校の創立二〇周年記念祝賀会を開く／［中・高］二〇周年記念の第二〇回中・高合同体育祭／［大］米国USIU（現・アライアント国際大学）からJ・R・ウォーカー教授を招き友好協定を締結する。
　9月　［専］普通救命士講習を設ける。
　10月　［大］学園祭で模擬ブライダルを行う。
二〇〇一年（平成一三年）
　3月　［短大］文理情報短期大学を閉校する（廃止許可）。一般課程夜間部を設置。
　4月　［専］西武文理大学フードコーディネータースクールを開校する。オリジナルクッキー「パリのキッチン」の製作を始める（以降、継続）。調理技能検定を実施する（以降、毎年実施）。
　6月　［専］ディズニー研修（以降、毎年実施）。
　7月　［専］第一回富士登山（以降、毎年開催）。
　8月　［専］エコエネ共和国in西武ドームでのボランティア活動に参加。
　10月　［中・高］文理健康ウォーク（中・高合同行事で二〇一三年まで毎年開催）／［大］彩の国大学コンソーシアムの設立調印式。学生が一般の方の結婚式を学園祭で挙行する（以降、継続）。
　11月　［中・高］西武学園文理中・高等学校に情報館I・I・YOU館がオープン。
二〇〇二年（平成一四年）
　3月　［専］第一回テーブルウェア・フェスティバル開催（以降、毎年開催）。
　8月　［高］第二一回海外研修旅行（北京。但

し二〇〇二年のみ)／[大] オーストラリアのクイーンズランド大学英語学校での語学研修生を派遣する(以降、不定期継続)。
二〇〇三年(平成一五年)
4月 [専・大] ホームヘルパー講座を開講する(以降、不定期継続)。
12月 [高] 第二二回海外研修旅行(オーストラリア・ニュージーランド。以降、二〇一〇年まで二カ所で毎年実施)。
二〇〇四年(平成一六年)
3月 [高] 第五回英語科オーストラリア短期語学研修(名称を海外研修から短期留学に変更)。
4月 [小] 狭山市に西武学園文理小学校を開校し、初代校長に就任する。第一回入学式(60名)。
5月 学校法人文理佐藤学園の学園長に就任する／[小] 英風会(保護者の会)設立。交通安全教育を実施(以降、毎年実施)。誕生日会(以降、二カ月ごとに実施)。文理ライスフィールドで一年生による田植えを行う(以降、毎年実施)。
6月 [小・中・高] 第二四回小・中・高合同体育祭(以降、毎年開催)。
7月 [小] 一年生の学内宿泊研修開始(以降、毎年開催)。
9月 [小] 第一回創作展／[小・中・高] 第二二回若光祭(小・中・高合同文化祭。以降、毎年開催)／稲刈り(以降、二〇〇六年まで毎年実施)。
10月 [小] ハロウィンパーティー(以降、毎年開催)。
11月 [小] 芸術鑑賞開催(以降、毎年開催)／[高] 校内英語スピーチコンテスト(以降、毎年開催)。
12月 [小] 餅つき大会開催／小・中・高・大・専門学校の児童・生徒・学生による学園ハンドベルコンサート開催(以降、毎年開催)。
二〇〇五年(平成一七年)
1月 [小] かるた大会開催。
3月 [小] 学習CA発表会開催(以降、毎年開催）／［中］ＣＡ卒業公演（以降、毎年開催）。

4月　［大］学生食堂「キャッツ」オープン／［専］西武学園医学技術専門学校の東京新宿校として義肢装具学科を、さらに西武学園医学技術専門学校の東京池袋校として言語聴覚学科を開校する。

5月　［小］英風会総会開催（以降、毎年開催）。

6月　［小］第一回家庭教育学級の講演会を開催する（以降、毎年各学期に開催）／［高］北斗星の会（高校保護者の会）発足。

7月　［小］二年生の西湖宿泊研修を始める（以降、毎年開催）。

8月　［高］理数科一年生によるつくばサイエンスツアーを実施する（ＪＡＸＡ研究所視察。以降、毎年実施）。

9月　［小・中・高］創作展・若光祭を文理祭に名称変更／［専］第一回ホスピタリティ発表会を所沢市民文化センターで開く（以降、毎年開催）。

10月　［大］狭山市まちづくり市民公開講座を開く。

12月　［小］一、二年生による餅つき大会実施（以降、毎年開催）。

二〇〇六年（平成一八年）

1月　［小］百人一首かるた大会。

4月　［専］食育活動「エプロンシアター」を市内公立小学校などで催し、食育の啓蒙活動を始める（以降、毎年実施）。

5月　［高］学園創立四〇周年を記念する文理健康ウォーク。

6月　学園創立四〇周年記念式典。

7月　［小］三年生のための日光宿泊研修開始（以降、毎年開催）。

9月　［小］第一回運動会開催（以降、毎年開催）。三年生による稲刈り・奉納を実施（以降、毎年開催）／［小・中・高］四〇周年記念の学校間キャンドルリレー。

11月　［小・中・高］学園創立四〇周年記念式

典および記念講演会。

12月［中］合唱コンクール（以降、毎年開催）。

二〇〇七年（平成一九年）

4月［中］キャリア教育スタート「産学連携」／［大］西武文理大学サービス経営学部に健康福祉マネジメント学科を開設する。

6月［小］四年生の北海道宿泊研修を始める（以降、毎年開催）。

7月［高］イートン・カレッジのサマースクール（イギリス。以降、二〇一三年まで実施）／［大］埼玉りそな銀行との産学連携協定を締結する。

9月［大］文部科学省「研究拠点形成費等補助金『産学連携による実践型人材育成事業――サービス・イノベーション人材育成』」採択／［専］西武学園ホスピタリティ・チームがイギリス大使館にてパーティ担当。

11月［大］ハワイ大学カピオラニ・コミュニティ・カレッジとの基本合意書に調印。

12月［大］武蔵野銀行との産学連携協定を締結する。

二〇〇八年（平成二〇年）

4月［中］キャリア教育の一環として、三年生とロッテとの新商品開発を展開する（以降、六年間開催）。

7月［小］五年生による一六日間の第一回英国短期留学を始める（オックスフォード大学、ケンブリッジ大学、イートン・カレッジの訪問を含む。以降、毎年開催）／［中］二年生によるオーストラリア二週間の語学研修実施（以降、毎年開催）。

9月［小］クラブ活動開始（五年生から）／［大］日本フードサービス協会寄付講座（二〇一〇年度まで開催）。

11月［小］校内音楽会（以降、毎年開催）／［専］地域食育活動「知育食育フォーラム」に参加（以降、毎年参加）。「オヤジの料理教室」（以降、毎年開催）。

二〇〇九年（平成二一年）

4月　［高］キャリア教育スタート「産学連携」実施（以降、毎年実施）／［大］西武文理大学に看護学部を開設。看護学部でローズマリー・リゾ・パースィ博士による開学記念講演。

7月　［大］文部科学省「学生支援推進プログラム」（テーマB）採択。狭山市柏原地区老人クラブ連合会主催「健康ひろば」事業に参画。

9月　［高］慶應義塾大学医学部との連携講座開始。

11月　秋の叙勲で旭日中綬章を授与される／［小］六年生による一週間の第一回アメリカ研修（ボストン、ニューヨーク。ハーバード大学、MIT、国連本部などを見学。以降、毎年開催）／［大］日本経済新聞社後援で「サービス・イノベーション・シンポジウム」を主催（一二大学共催）。

二〇一〇年（平成二二年）

［大］看護学部グエン・ドク氏、グエン・チ・ホン・タン医師による国際交流講演。

3月　［小］第一回卒業式。

4月　高校創立三〇周年記念のイートン・カレッジ聖歌隊コンサートの歓迎イベントを催す（東京芸術劇場）／［専］西武文理大学附属調理師専門学校調理学科に二年制のマネジメントキャリア科を開設する／［小］西武学園文理小学校を増築して定員増を計る／［中］西武学園文理中学校の定員増を計る／［大］西武文理大学に保健センターを設置する。文部科学省の「大学生の就業力育成支援事業」に採択される。

5月　［大］『月報私学』（私学事業団）において「面倒見の良い大学」として事例紹介される。

8月　［専］一般を対象とした親子の料理教室を開校する（以降、毎年開催）。一般を対象としたキッズベアー・クッキングを開校する（以降、毎年開催）。

9月　［大］文部科学省「大学生の就業力育成支援事業」に採択される（二年間）。看護学部

「キャンドルセレモニー」挙行（以降、継続。二〇一四年から宣誓式に変更）。

10月［大］東京国際映画祭での学生インターン開始（以降、毎年実施）。

二〇一一年（平成二三年）

4月『夢はあなたの手の中にある』（PHP研究所）を上梓する。

8月［高］第二十九回海外研修旅行（理数科・普通科Aはシドニー、普通科Bニュージーランド）。

10月［大］飯能信用金庫と産学連携覚書を締結する。

11月［大］大宮アルディージャ共催「キッズ・スクール」を学生が運営。

二〇一二年（平成二四年）

3月［大］西武文理大学の食堂棟増築／ブライダル「絆」プロジェクトとして学生が震災被災者の結婚式を支援（初年度四組）。

4月［大］文部科学省「産業界のニーズに対応した教育改善・充実体制整備事業」に採択される。看護学部の移行期カリキュラムを施行。

5月［小］四年生東京大学キャンパスツアー（五月祭）。

7月［高］一年生カナダの三週間の短期留学（以降、毎年開催）。

8月［高］第三〇回海外研修旅行（理数科・普通科Aはシドニー、普通科B・Tはニュージーランド）。

9月［大］文部科学省「産業界のニーズに対応した教育改善・充実体制整備事業」に関越地域大学グループとして採択（三年間）。

11月［大］埼玉県商業・サービス産業支援課「生活サポート産業支援セミナー」を企画。

二〇一三年（平成二五年）

3月［高］ノーベル賞受賞者の小柴昌俊先生による特別講演会を実施する。

4月［高］理数科サイエンスイマージョン開催。東大博士課程の外国人講師によるオールイングリッシュ講座開催／［大］看護学部現行カリキュラム施行。

7月　［高］高大連携の医療講座開始（慶應義塾大学医学部、埼玉医科大学医学部、埼玉大学脳科学融合研究センター）。

8月　［高］第三一回海外研修旅行（理数科、普通科はシドニー。以降、二〇一五年まで実施）／［大］入間川七夕まつり実行委員会から感謝状を送られる（学生チームがスタッフ参加）。狭山市柏原地区防災キャンプに参画する。

10月　［専］所沢市と官学連携を締結し、所沢市依頼で地産地消レシピを開発、所沢市よりレシピ発行（以降、毎年継続）。

11月　［高］慶應義塾大学医学部との連携講座として医学部長末松誠先生の特別講演会を催す。

二〇一四年（平成二六年）

1月　［専］ニッポン全国鍋グランプリで入賞。

3月　［中］西武学園文理中学校を増築（√HOT等）／［大］看護学部グエン・ドク氏による国際交流講演開催。看護学部第一期生卒業。

4月　［大］埼玉県看護協会第三支部「看護研究の実際」で教員が講義・研究指導を実施する（以降、継続開催）。

11月　［大］埼玉県知事から「優良緑化計画」認定。

二〇一五年（平成二七年）

3月　［中・高］川越市に自習室ベアーズイノベーターをオープン。

7月　［高］第一七回英語科海外語学研修（ブリスベン）。

11月　［大］看護学部ホームカミングデー開催（以降、継続実施）。

二〇一六年（平成二八年）

3月　西武文理大学学長を退任し、理事長に専念する。

4月　［大］第二代学長＝徳田行延。西武文理大学と狭山市との連携に関する基本協定を締結／学校法人文理佐藤学園五〇周年。

8月　［中］第二二回海外研修旅行（メルボルン、ブリスベン）／［高］第三四回海外研修旅行（理数科はオーランド、ボストン。普通科はシドニー）。

12月　［小］学園創立五〇周年を記念して、全校航空写真撮影を実施する。

二〇一七年（平成二九年）

8月　［中］第二三回海外研修旅行（メルボルン）／［高］第三五回海外研修旅行理数科（オーランド。普通科（マレーシア・シンガポールかシドニーのいずれかを選択）。

9月　［大］サヤマdeシネマ開催（以降、毎年開催）。

二〇一八年（平成三〇年）

3月　［小］第一回同窓会（二十歳の集い）開催（以降、毎年開催）。

4月　［大］第三代学長＝小尾敏夫。

8月　［中］第二四回海外研修旅行（メルボルン、シドニー）／［高］第三六回海外研修旅行（理数科はオーランド、普通科はマレーシア・シンガポール、シドニー、オーランドのいずれかを選択）。

9月　［大］埼玉東上地域大学教育プラットフォーム（TJUP）協定締結。

二〇一九年（平成三一年・令和元年）

2月　［大］西武文理大学と株式会社ムーミン物語との連携協力に関する基本協定を締結する。

3月　［大］『西武文理大学研究シーズ集』刊行（以降、継続）。西武文理大学開学二〇周年。西武文理大学看護学部開設一〇周年。西武文理大学サービス・イノベーション・センターを開設する。

6月　［大］西武文理大学・株式会社フジすまいるファーム飯山・一般社団法人信州いいやま観光局・飯山市の四者連携に関する基本協定を締結する。

8月　［中］第二五回海外研修旅行（ローマ、フィレンツェ、ベネチア、バチカン、ローマ教皇謁見式参列。以降、毎年実施）／［高］第三七回海外研修旅行（理数科はオーランド、普通科はマレーシア・シンガポールかシドニーのいずれかを選択。普通科Bはイタリア）。
二〇二〇年（令和二年）
［大］看護学部開学の一〇周年記念誌発行。
二〇二一年（令和三年）
4月　［専］学園発祥の地である新所沢に、西武調理師アート専門学校としてリニューアルオープン（西武文理大学附属調理師専門学校を校名・校地変更）する／［高］高等学校の英語科を募集停止し、普通科へ定員振替。
二〇二二年（令和四年）
4月　［小］児童一人に付き一台の端末を運用開始／［大］第四代学長＝八巻和彦。
7月　学校法人文理佐藤学園第二代理事長に安達原文彦が就任し、自らは名誉理事長に就任する／［小］低学年向けのEnglish Campを始める。

＊作成にあたっては『文理佐藤学園25年史』（一九九〇年）と、四〇周年に際して刊行された『BUNRI SATO GAKUEN 1965~2006』（二〇〇六年）を精査して参照した。それ以降については、六〇周年に向けた準備作業に携わっている方々の助言を得た。

（伊藤邦義・文理佐藤学園法人本部長）

【本書の経緯】

本書は二〇二一年暮れから二〇二二年五月まで、約一〇回にわたって行われた佐藤英樹への聞き書きを元にしている。それを辻由美子がまとめ、聞き書きに参加した安達原文彦、八巻和彦、湯原法史が意見を述べた。その上で、さらに辻が作成した第二稿を、佐藤が全体にわたって検討し加筆訂正した。本書は、それをできるかぎり尊重して決定稿とし、単行本化したものである。

（文責・八巻和彦）

佐藤英樹（さとう・ひでき）
一九三五年、山梨県岩手村（現・山梨市東）生まれ。一九六〇年、東京農業大学（農学部農芸化学科）を卒業し、服部栄養専門学校の栄養化学担当講師となる。一九六六年、西武栄養料理学院を所沢市に創設し、続いて拝島校、荻窪校を開く。一九七二年、西武調理師専門学校を創設する。一九七五年、学校法人西武学園を設立し、理事長に就任する。一九八一年、西武学園文理高等学校を開校し、併せて学校法人名を文理佐藤学園と改称する。その後、一九八八年に文理情報短期大学、一九九三年に同文理中学校、一九九九年には文理情報短期大学を改組して西武文理大学を、さらに二〇〇四年に同文理小学校を創設する。二〇〇九年には、長年にわたる教育活動への貢献に対して旭日中綬章を叙勲される。二〇二二年七月より文理佐藤学園名誉理事長。

「文理《ぶんり》佐《さ》藤《とう》学園《がくえん》」という物語《ものがたり》
——ホスピタリティ教育《きょういく》をもとめて

二〇二二年一一月二〇日　初版第一刷発行

著者　佐《さ》藤《とう》英樹《ひでき》
発行者　喜入冬子
発行所　株式会社　筑摩書房
東京都台東区蔵前二—五—三　郵便番号一一一—八七五五
電話番号　〇三—五六八七—二六〇一（代表）
装幀者　神田昇和
印刷　株式会社精興社
製本　株式会社積信堂

ISBN978-4-480-81863-8　C0037